clásicos algar

27. CANTAR DE MIO CID. Anónimo
37. ESTUDIO EN ESCARLATA. Arthur Conan Doyle
47. EL BUQUE MALDITO Y OTROS MISTERIOS DEL MAR. Emilio Salgari. Versión de Seve Calleja
51. RELATOS DE FANTASMAS. Charles Dickens
59. LA LLAMADA DE CTHULHU Y EL HORROR DE DUNWICH. H. P. Lovecraft
63. FANTASMAS Y APARECIDOS. Vicente Muñoz Puelles
66. ESCALOFRÍOS. RELATOS CLÁSICOS DEL MÁS ALLÁ. Vicente Muñoz Puelles

TÍTULOS PUBLICADOS

Apartado de correos 225 - 46600 Alzira
www.algareditorial.com
Cubierta: Carles Barrios
Impresión: Romanyà-Valls

1.ª edición: marzo, 2015
ISBN: 978-84-9845-703-2
DL: V-655-2015

PAPEL ECOLÓGICO
TCF LIBRE DE CLORO

FOTOCOPIAR LIBROS
NO ES LEGAL

LIBRO AMIGO DE LOS BOSQUES
PAPEL PROCEDENTE DE FUENTES RESPONSABLES

Escalofríos
Relatos clásicos del más allá

Selección, traducción, introducción y notas
de Vicente Muñoz Puelles

algar
editorial

INTRODUCCIÓN

1. El terror

«La emoción más antigua y más intensa de la humanidad es el miedo, y el más antiguo y más intenso de los miedos es el miedo a lo desconocido», escribió el escritor y experto en el tema H. P. Lovecraft (1890-1937) al inicio de su ensayo *El horror en la literatura*.

Cabe añadir que los miedos o temores cubren un amplio espectro, que oscila entre una suave expectación, el horror que produce escalofríos y el paro cardíaco.

Esos temores pueden sustentarse en causas naturales o sobrenaturales. En el primer caso, el miedo constituye un mecanismo de supervivencia básico, una respuesta a estímulos específicos, como un dolor agudo o una amenaza inminente. Es beneficioso, tanto para el individuo como para la especie, puesto que nos enseña a detectar un peligro real y nos permite enfrentarnos con él.

En el segundo caso, el de las causas sobrenaturales, el miedo está enraizado en las creencias, en las tradiciones religiosas y en el folclore, y se centra en lo que ocurre tras la muerte, el mal como principio diabólico y la aparición del diablo o sus múltiples imitadores.

Es este miedo de origen sobrenatural el que da pie a la literatura clásica de terror, que se expresa en historias de fantasmas, aparecidos,[1] brujas, ogros, duendes, demonios, vampiros, hombres lobo, transformaciones en otros seres y pactos con el diablo como el de Fausto, un anciano erudito que, según la leyenda medieval alemana, aceptó cambiar su alma por la juventud, los placeres mundanos y el conocimiento ilimitado.

Llama la atención que el miedo a lo sobrenatural haya existido entre todos los pueblos y en todas las épocas. Incluso ahora, cuando el progreso científico ha cambiado considerablemente nuestras vidas, mucha gente aún cree, de manera más o menos consciente, en la existencia de un espíritu separado del cuerpo y en alguna forma de inmortalidad.

Pero la literatura de terror no se dirige solo a las personas que aceptan la existencia de un mundo sobrenatural, sino también, y en particular, a quienes, aunque no creen en él, disfrutan explorando sus límites.

Los aficionados al género saben que en el fondo se trata de un juego literario, y que al final del relato habrá una explicación, o al menos una ambigüedad razonable, y todo volverá a su antiguo y tranquilo cauce. Es como si ese contacto esporádico con las frágiles fronteras de lo desconocido nos permitiera prepararnos para las duras eventualidades de la vida diaria.

2. La invención de lo desconocido

El relato de terror es posiblemente tan antiguo como el lenguaje. De noche, al calor de la hoguera, los hombres

1. Ver en esta misma colección el libro *Fantasmas y aparecidos (Antología de relatos españoles de misterio)*.

primitivos podían contar a los demás miembros de su tribu el miedo que sentían hacia todo lo que se les antojaba un misterio: las continuas transformaciones del cuerpo, la enfermedad inexplicable, las relaciones con otros animales, la muerte repentina en la caza o en el combate.

Quizá el fenómeno del sueño contribuyó también a la concepción de un mundo irreal o espiritual. La continua irrupción en nuestra vida onírica de imágenes cambiantes, que proceden de nuestro interior pero sobre las que no ejercemos ningún control, pudo hacerles pensar que en nosotros habitaban poderosas fuerzas desconocidas, que se manifestaban en los sueños y cuya influencia quizá perduraba tras la muerte.

Algunos pudieron soñar que habían visto a un muerto reciente o a un ser maligno que buscaba venganza, y lo contaron, dando así origen a una sucesión de nuevos relatos, mitos y conjuros.

Es fácil imaginar las especulaciones de aquellas gentes. Los aparecidos podían ser malos o benévolos. Podían haberse comportado con bondad en vida y haberse vuelto feroces tras la muerte. O podía ocurrir, dependiendo del sistema de creencias, que los espíritus benevolentes fuesen las almas inmortales de los muertos benevolentes, y los espíritus malvados las almas inmortales de los muertos malvados. De ese modo, el carácter de una persona en el más allá no sería una recompensa o un castigo por su actividad anterior, sino más bien una persistencia en el tiempo y en el espacio del carácter que había tenido en vida.

3. Los inicios de la literatura de terror

Las primeras menciones al más allá y las primeras historias sobre espíritus y almas errantes figuran ya en los primeros textos escritos: las tablillas de arcilla de la antigua Mesopotamia que contienen la primera epopeya conocida, la de Gilgamesh, datada hacia 1800 a. C. o antes, y tempranos textos funerarios egipcios, pintados y grabados en paredes sepulcrales y sarcófagos o en papiros, como el *Libro de las Pirámides*, el *Libro de los Sarcófagos* o el muy leído *Libro de los Muertos*, datado hacia 1500 a. C.

Hay fantasmas y viajes al mundo de ultratumba en la *Odisea* del griego Homero (s. VIII a. C.), donde el héroe Aquiles conversa con el alma de su amado Patroclo, que «se disipó como si fuese humo y penetró en la tierra dando chillidos», y en la *Ilíada*, donde Ulises desciende al Hades o infierno, como también hicieron los héroes mitológicos Orfeo y Eneas y, mucho después, el poeta Dante Alighieri (1265-1321) en su obra la *Divina Comedia.*

En la literatura latina, el tema de la casa embrujada surge en una obra del dramaturgo Plauto (254-184 a. C.) y vuelve a aparecer en una carta del escritor y científico Plinio el Joven (61-113 a. C.).

La primera versión conocida de la horrenda historia de la novia cadáver, *Filinnion y Machates*, que posteriormente contaría Proclo (410-485) y serviría de inspiración a Goethe (1749-1832) para *La novia de Corinto* y a Washington Irving (1783-1859) para *El estudiante alemán*, fue anotada por primera vez por Flegón, un historiador griego del siglo II, en su tratado *De las cosas maravillosas*, colección de los milagros antiguos.

Y el tema de la metamorfosis de un soldado que se transforma en lobo y viceversa irrumpe con fuerza en un episodio breve pero inolvidable de la novela satírica el *Satiricón* de Petronio (14-65).

En la Edad Media se solía creer que los muertos pasaban una temporada en el purgatorio, como castigo por los pecados cometidos. Cabe suponer que desde allí les resultaba más fácil regresar al mundo de los vivos que desde el cielo o el infierno, lugares más alejados por expresarlo de algún modo. Los fantasmas de las crónicas medievales siempre volvían del más allá con una misión, para pedir a los vivos que los perdonasen o vengasen o para exigirles que antes de morir se arrepintiesen de sus pecados.

El fuerte dominio de lo demoníaco estaba intensificado por un miedo sincero a la brujería de la época. Había un creciente número de tratados sobre brujería y demonología, y de leyendas y baladas de carácter tenebroso. Esas influencias se perciben con claridad en el teatro isabelino. Bajo el largo reinado de Isabel I de Inglaterra, Christopher Marlowe (1564-1593) con su *Doctor Fausto* y Shakespeare (1564-1616) con las brujas de *Macbeth* y el fantasma del padre en *Hamlet* nos dejaron obras y momentos espectrales de gran vigor.

En *Hamlet*, por ejemplo, el fallecido rey de Dinamarca aparece en escena con su armadura completa, y su expresión es «más de tristeza que de enojo». Incluso se gana las simpatías del público cuando admite que está condenado a caminar de noche y a dormir en el fuego del purgatorio durante el día.

En 1706 se publicó en Londres un panfleto anónimo cuyo título completo era *La aparición de la señora Veal a la señora Bargrave en Canterbury el 8 de septiembre de 1705, al día siguiente de la muerte de la primera.* Tuvo un enorme éxito popular, y poco después salió a relucir el nombre del autor, Daniel Defoe (1660-1731), que aún no había publicado su extraordinario *Robinson Crusoe.* Contada con la sobriedad de un reportaje, *La aparición de la señora Veal* pasa por ser el primer relato occidental de fantasmas y un precursor de la llamada literatura gótica.

Por las mismas fechas, en 1704, el orientalista y numismático Antoine Galland (1646-1715) empezó a publicar *Las mil y una noches*, recopilación de cuentos árabes de origen persa e indio, a la que ocasionalmente añadía algunos de otras fuentes para alcanzar la cifra propuesta en el título. Esa recopilación amplió los márgenes del terror fantástico, al incluir escenarios exóticos, genios de grandes poderes, espíritus errantes y unos demonios necrófagos, los gules, que vagaban por los cementerios para alimentarse de los muertos.

4. El auge de la literatura de terror

Pese a estos ilustres antecedentes, suele considerarse que la literatura de terror no nace como género definido hasta la segunda parte del siglo XVIII. Como contrapartida al racionalismo de la época, y en un momento en que buena parte de la sociedad había perdido la fe en lo sobrenatural, empezaron a surgir historias que combinaban maldiciones ancestrales, pasadizos secretos y chirridos de cadenas.

«¿Cree usted en los fantasmas?», le preguntó Horace Walpole (1717-1797) a su corresponsal Mme. du Deffand (1697-1780), mujer de letras y epistológrafa. «No, pero me asustan», contestó ella.

Walpole fue el autor de *El castillo de Otranto* (1764), obra fundacional de la llamada novela gótica, género asociado en Inglaterra, donde se originó, con la resurrección del estilo arquitectónico conocido como gótico.

Obras considerables de la escuela gótica fueron *Vathek* (1786), de William Beckford (1760-1844), una extraordinaria combinación de *El castillo de Otranto* y *Las mil y una noches*; *Los misterios de Udolfo* (1794), de Ann Radcliffe (1764-1823); *El monje* (1796), de Matthew Lewis (1775-1818), y *Melmoth el errabundo* (1815), de Charles Maturin (1782-1824), considerada por algunos críticos como la última novela gótica propiamente dicha.

En Alemania, el pionero del género fantástico y de terror fue E. T. Hoffmann (1776-1822), una de las máximas figuras del Romanticismo alemán, autor de novelas como *Los elixires del diablo* (1815), donde introduce el tema del doble fantasmal o *doppelgänger*. También alemán, aunque nacido en Francia, fue Adelbert von Chamisso (1781-1838), cuya reputación literaria se basa sobre todo en *Peter Schlemihl* (1814), novela corta mucho más conocida como *El hombre que vendió su sombra*, donde el protagonista hace un pacto con el diablo.

En Francia, el género pasó a llamarse *fantastique* y se caracteriza por una intrusión de lo sobrenatural en un entorno realista. Fue cultivado, entre muchos otros, por Jacques Cazotte (1719-1792), autor de *El diablo enamorado* (1772); Honoré de Balzac (1799-1850), autor de otra historia de pacto con el diablo, *La piel de zapa* (1831); Théophile Gautier (1811-1872), autor de *La muerte enamorada* (1836); Prosper Mérimée (1803-1870), autor de *La Venus de Ille* (1837), y Guy de Maupassant (1850-1893), autor de la obra maestra *El Horla* (1887), que incluimos en esta antología.

En Inglaterra, el género gótico se entrelazó con otros y ganó en complejidad y en densidad psicológica. Obras memorables escritas durante esos años fueron la novela *Frankenstein o el moderno Prometeo* (1818), de Mary Shelley (1797-1851), que para algunos es el primer texto de ficción científica, en el que un científico fabrica un monstruo en su laboratorio, y el relato *El vampiro* (1819), de John William Polidori (1795-1821), donde el héroe, basado en el poeta lord Byron (1788-1824), de carácter turbulento y apasionado, es visto como un vampiro. Esa línea vampírica, de prestigiosas derivaciones, es una de las más fructíferas de la literatura de terror.

Pero el escritor de relatos terroríficos más importante de la época, y quizá de todos los tiempos, fue el estadounidense Edgar Allan Poe (1809-1849), de enorme influencia posterior. Poe, que reunía en sí mismo tanto una imaginación desbordante como una gran capacidad para el análisis, es autor de una serie de cuentos emblemáticos, como *La caída de la casa Usher* (1839) y *El pozo y el péndulo* (1842). Durante un tiempo, la trágica historia de su vida, que parecía evocar sus relatos más lúgubres, oscureció las dimensiones de su obra, que hoy goza de prestigio universal.

Es inevitable citar también, siquiera de pasada, una serie de obras escritas durante el largo reinado (1837-1901) de la reina Victoria: *El extraño caso del doctor Jekyll y míster Hyde* (1886), del escocés Robert Louis Stevenson (1850-1894), retrato de una personalidad dividida entre el bien y el mal; *El retrato de Dorian Gray* (1890), del también irlandés Oscar Wilde (1854-1900), variación sobre el mismo tema, y el más perdurable de los libros sobre vampiros: *Drácula* (1897), de otro irlandés, Bram Stoker (1847-1912).

5. Los cuentos de terror

Dos de las razones principales de la proliferación de la literatura de terror son el puro placer y las virtudes terapéuticas.

Al mismo tiempo que esa lectura nos inquieta y nos produce escalofríos, ayuda a neutralizar nuestros miedos interiores y a exorcizarlos.

Suele decirse que la brevedad del cuento, su relativa sencillez argumental y la necesaria concreción hacen de él un instrumento ideal para el género de terror, tanto para el autor, que puede prescindir de todo elemento narrativo accesorio, y concentrarse en el efecto puntual deseado, como para el lector, que no necesita mantener la credibilidad en una historia de por sí increíble durante demasiado tiempo.

Los cuentos de terror pueden clasificarse por sus temas, algunos de los cuales ya hemos mencionado: los fantasmas, los vampiros, el doble, la metamorfosis, los sueños, los hechizos, la locura, los tratos con el diablo o con otro ser maligno.

Algunos prefieren clasificarlos por la explicación que ofrecen o que se deduce de su lectura. Así, por ejemplo, hay cuentos que se explican por la intervención de un ser o de un hecho sobrenatural. Hay otros que, tras algunas incertidumbres, ofrecen una interpretación supuestamente lógica o científica. Y también están los que se explican por la intervención de un ser o de un hecho sobrenatural, pero sugieren la alternativa de una explicación natural. La historia podría ser fruto de una coincidencia, o haber ocurrido solo en la mente de los protagonistas, o durante un sueño.

6. Esta antología

Se ha procurado ofrecer un muestrario de cuentos de terror clásicos, tan diferentes entre sí como los caracteres y los estilos de sus autores. El lector tendrá ocasión, pues, de temblar con un experimento hipnótico que consigue retrasar la muerte en *La verdad sobre el caso del señor Valdemar*, de Edgar Allan Poe; la resurrección de una bruja rencorosa en el estremecedor *Viy*, de Nikolái Gógol; el presentimiento de un fantasma de una nueva especie que se apodera de nuestra voluntad en *El Horla*, de Guy de Maupassant, que es también un viaje por los aledaños de la locura; la usurpación por el diablo del cadáver de una mujer en *Janet la Torcida*, de Robert Louis Stevenson; la irresistible atracción de la bellísima mujer de nieve, que es también la muerte, en *Yuki-Onna*, de Lafcadio Hearn, y *La pata de mono*, obra maestra del cuento de terror, que expresa el poder de algunos objetos inanimados de procedencia exótica y el peligro de intentar corregir el destino, de W. W. Jacobs.

Cabe esperar que, en este muestrario, cada lector encuentre el relato que más le conmueva o amedrente. Si se me permite una observación personal, nunca he podido leer *Yuki-Onna* sin sentir escalofríos.

Se han mantenido íntegros los textos. Algunos párrafos se han subdividido para agilizar la lectura, y se han añadido las notas necesarias para su comprensión.

Vicente Muñoz Puelles

1
EDGAR ALLAN POE

Edgar Allan Poe nació en 1809 en Boston, Nueva Inglaterra. Hijo de actores, se quedó huérfano a edad muy temprana. Fue acogido por la familia de John Allan, un rico comerciante de Richmond, que sin embargo nunca lo adoptó formalmente. Con los Allan se trasladó a Inglaterra, donde permaneció cinco años.

De vuelta en los Estados Unidos ingresó en la universidad de Virginia, pero tuvo que abandonar los estudios por falta de dinero. Tras alistarse en el ejército y ser expulsado de la academia militar de West Point, rompió con su padrastro y se trasladó a Boston.

Animado por el éxito de su primer libro, *Tamerlán y otros poemas*, Poe empezó a escribir relatos y a publicar en la prensa artículos de crítica literaria, con los que alcanzó notoriedad. Fue el primer escritor estadounidense de renombre que intentó vivir de la literatura, pero la falta de protección de los derechos de autor le perjudicó a lo largo de toda su carrera.

En 1835 se casó con su prima Virginia Clemm. Las penurias económicas, la enfermedad de su esposa y sus conflictos emocionales hicieron de su vida una existencia atormentada. El informe de un explorador, Jeremiah. H. Reynolds, que había viajado a los mares antárticos, inspiró su relato más largo, *Narración de Arthur Gordon Pym* (1838), que contiene uno de los finales más extraordinarios de la literatura universal, y sin duda el más abrupto.

Dos años después publicó el primer volumen de sus cuentos, y en 1845 su poema *El cuervo*, que fue un éxito inmediato. Cuando le reprocharon su afinidad con los románticos alemanes, replicó: «El horror no procede de Alemania, sino del alma».

La muerte de su esposa le afectó profundamente. Tenía intención de crear y dirigir una revista literaria seria, pero el 3 de octubre de 1849 fue encontrado en las calles de Baltimore, necesitado de ayuda inmediata y en un estado delirante. Fue llevado al hospital universitario de Washington, donde murió cuatro días después, sin llegar a explicar qué le había ocurrido.

En algún momento debió de sentir que se internaba en mares cada vez más oscuros y gélidos, y empezó a llamar a gritos al explorador Reynolds, su guía en las regiones de los hielos eternos:

–¡Reynolds, Reynolds! ¡Oh, Reynolds!

Luego, demasiado débil para continuar, calló. Pareció descansar por un momento. Y entonces, de un modo curiosamente impersonal, murmuró:

–Que Dios se apiade de mi pobre alma.

Inclinó la cabeza y pareció amodorrarse como otras veces, pero su corazón había dejado de latir.

Fue enterrado en el cementerio de la iglesia de Westminster, en Baltimore, donde tiene dos tumbas: la original, que recibió sus restos al principio, y un monumento de mármol levantado en 1875, donde ahora reposa en compañía de su mujer y su suegra.

Mientras, su influencia como poeta y autor de cuentos de horror, misterio y ciencia ficción ha seguido creciendo. «De un solo cuento suyo que data de 1841, *Los crímenes de la calle Morgue*, procede todo el género policial», escribió Jorge Luis Borges (1899-1986).

La verdad sobre el caso del señor Valdemar apareció por primera vez en 1845, en el *Broadway Journal* y en la *American Review* simultáneamente. El narrador, de quien solo se da la inicial P., podría referirse al propio autor. Esa circunstancia y la descripción detallada de las circunstancias de la muerte de Valdemar hicieron creer a muchos lectores que se trataba de un auténtico caso clínico.

El propio Poe tardó en admitir que se trataba de una obra de ficción. En la época de publicación del relato, la mujer de Poe llevaba cuatro años aquejada de tuberculosis, lo que quizá explique el conocimiento que el autor tenía de la enfermedad.

LA VERDAD SOBRE EL CASO DEL SEÑOR VALDEMAR

No me sorprende que el extraordinario caso del señor Valdemar haya provocado tantas discusiones. Dadas las circunstancias, lo contrario hubiera sido un milagro. Aunque todos los implicados deseábamos mantener el asunto alejado del público, al menos de momento, o hasta que encontráramos nuevas oportunidades de investigación, no pudimos evitar que se propagara una versión tan fragmentaria como exagerada, que ha producido, naturalmente, cierto grado de incredulidad.

Ha llegado, pues, el momento de que exponga los hechos, en la medida en que me es posible entenderlos. Son estos:

Durante los últimos tres años he estado estudiando el mesmerismo.[1] Hace unos nueve meses, se me ocurrió que entre los experimentos efectuados hasta ahora existía una omisión curiosa e inexplicable: nadie había

1. El mesmerismo o doctrina del magnetismo animal fue una teoría preconizada por el médico Franz Mesmer (1733-1815), según la cual existía un fluido magnético universal que podía ser utilizado como agente terapéutico. El mesmerismo se hizo muy popular y está en el origen de algunas teorías sobre la hipnosis.

sido hipnotizado *in articulo mortis.*[2] Faltaba saber si, en primer lugar, un paciente en esas condiciones podría ser hipnotizado; en segundo lugar, si, en caso de que pudiera serlo, ese estado aumentaría o disminuiría la sensibilidad hipnótica, y, en tercero, hasta qué punto, o por cuánto tiempo, el hipnotismo detendría el proceso de la muerte. Quedaban por determinar otros aspectos, pero estos eran los que más suscitaban mi curiosidad, sobre todo el último, dadas sus consecuencias.

Pensando si entre mis relaciones habría alguna que me permitiese verificar esos puntos, me acordé de mi amigo Ernest Valdemar, el conocido compilador de la *Bibliotheca Forensica*[3] y autor (bajo el *nom de plume*[4] de Issachar Marx) de las versiones polacas de *Wallenstein* y *Gargantúa.*[5]

El señor Valdemar, residente desde 1839 en Harlem,[6] Nueva York, es, o era, especialmente notable por su extraordinaria delgadez, tanto que sus piernas se parecían mucho a las de John Randolph,[7] y por la blancura de sus patillas, que contrastaban tanto con sus

2. *In articulo mortis*: locución latina que significa «a punto de morir».
3. Supuesta recopilación de textos forenses.
4. *Nom de plume*: seudónimo literario.
5. Poe, como siempre, fabula con la ayuda de detalles exactos. *Wallenstein* (1800) es un drama del escritor alemán Friedrich von Schiller (1759-1805). *Gargantúa* (1532) es una novela cómica del escritor francés François Rabelais (1494-1553).
6. Barrio de la ciudad de Nueva York al norte de Manhattan.
7. John Randolph (1773-1833) fue un congresista de Virginia.

cabellos negros que muchos creían que llevaba peluca. Tenía un temperamento nervioso, que le convertía en el sujeto idóneo para las experiencias hipnóticas.

Dos o tres veces le había adormecido sin gran esfuerzo, pero no había conseguido los resultados que su constitución me había inducido a esperar. Su voluntad nunca estuvo del todo bajo mi dominio, y, en lo que se refiere a la *clairvoyance*,[8] no logré nada digno de mención.

Atribuía yo aquellos fracasos a la precaria salud de mi amigo. Meses antes de que yo lo conociera, los médicos le habían diagnosticado una tisis.[9] Solía hablar con toda calma de su próximo fin como algo inevitable, que no valía la pena lamentar.

Cuando se me ocurrieron las ideas que he mencionado, pensé en acudir a Valdemar. Conocía demasiado bien la serena filosofía de mi amigo como para temer algún escrúpulo de su parte, y sabía que no tenía parientes en América que pudieran oponerse. Le hablé con sinceridad del asunto y, para mi asombro, descubrí que manifestaba un vivo interés. Digo para mi asombro porque, si bien hasta entonces se había sometido libremente a mis experimentos, nunca había mostrado especial curiosidad por ellos.

Su enfermedad era de las que permiten calcular con cierta precisión la fecha de la muerte. Convinimos,

8. *Clairvoyance*: clarividencia, en francés, esto es, la facultad de anticipar hechos futuros.

9. Tisis: tuberculosis pulmonar.

pues, en que me avisaría veinticuatro horas antes del momento en que la situaran los médicos.

Hace más de siete meses recibí la siguiente nota del propio Valdemar:

> Mi querido P.:
> Puede venir ahora. D. y F. coinciden en que no pasaré de mañana a medianoche. Creo que su cálculo es bastante preciso.
>
> Valdemar

Quince minutos más tarde estaba en el dormitorio del moribundo. Llevaba diez días sin verlo y me aterró la espantosa transformación que había experimentado en un tiempo tan corto. Su rostro tenía un color plomizo, los ojos carecían de brillo y estaba tan demacrado que los pómulos le habían perforado la piel. Expectoraba sin cesar y el pulso era casi imperceptible. Conservaba, sin embargo, sus facultades mentales intactas y cierto vigor físico. Hablaba con claridad, tomó un calmante sin ayuda y, cuando entré en su habitación, tomaba notas en un cuaderno.

Estaba sentado en la cama, sostenido por varios almohadones. Los doctores D. y F. se hallaban a su lado.

Después de estrechar la mano de Valdemar, hice un aparte con los médicos, que me proporcionaron una descripción minuciosa del estado del enfermo. Desde hacía dieciocho meses, el pulmón izquierdo se hallaba en un estado semióseo o cartilaginoso, y, como es obvio, no funcionaba. El pulmón derecho también estaba parcialmente osificado en su porción superior, mientras que la inferior era solo una masa de tubérculos purulentos, que se comunicaban entre sí. Había algunas perforaciones profundas, y en cierto punto las costillas estaban completamente adheridas.

Esas transformaciones del lóbulo derecho eran de aparición reciente. La osificación había progresado con insólita rapidez, ya que un mes antes no se percibía, y la adherencia solo había sido descubierta hacía tres días.

Además de la tisis, los médicos sospechaban que podía haber un aneurisma de aorta,[10] pero los síntomas de osificación impedían un diagnóstico preciso. Ambos opinaban que Valdemar moriría hacia la medianoche del día siguiente, un domingo. Eran las siete de la tarde del sábado.

Al dejar la cabecera del moribundo para conversar conmigo, los doctores D. y F. se habían despedido definitivamente de él. No tenían intención de regresar, pero respondieron favorablemente a mi petición de volver hacia las diez de la noche del día siguiente, para examinar al paciente.

Cuando se fueron, hablé abiertamente con Valdemar sobre su próximo fin, y en particular sobre el experimento que le había propuesto. Nuevamente se mostró dispuesto, e incluso deseoso de llevarlo a cabo, y me instó a empezar cuanto antes. Un enfermero y una enfermera lo atendían, pero temí que pudiera

---

10. Un aneurisma de aorta es una dilatación localizada que produce una debilidad en la pared de la arteria.

producirse un accidente repentino, y no me atreví a emprender un experimento de aquella naturaleza ante testigos que acaso no estaban preparados para asumir tanta responsabilidad.

Esperé, pues, hasta las ocho de la noche del día siguiente, cuando la llegada de un estudiante de medicina al que conocía, el señor Theodore L., me liberó de toda preocupación. Yo había tenido la intención de esperar a los médicos, pero me vi obligado a proceder de una vez, en primer lugar por las urgentes peticiones de Valdemar, y en segundo por mi propia convicción de que no había un minuto que perder, ya que el final, sin duda, se acercaba con rapidez.

El señor L. tuvo la amabilidad de aceptar mi petición, así como de tomar nota de todo cuanto sucedió. Lo que voy a relatar ahora procede de sus apuntes, ya sea en forma condensada o *verbatim.*[11]

Debían de faltar unos cinco minutos para las ocho cuando tomé la mano de Valdemar y le pedí que confirmara a L., con la mayor claridad posible, si estaba dispuesto a ser hipnotizado en aquel estado.

Débilmente, pero con resolución, el enfermo respondió:

–Sí, quiero ser hipnotizado –y de inmediato añadió–: Me temo que lo ha retrasado en exceso.

Mientras hablaba, empecé a efectuar los pases que en ocasiones anteriores había ejecutado con éxito. El

11. *Verbatim*: vocablo de origen latino que significa «palabra a palabra». Equivale a una cita literal.

primer movimiento lateral de mi mano sobre su frente pareció afectarle. Pero, aunque empleé todos mis poderes, no había conseguido ningún avance notable cuando, minutos después de las diez, llegaron los doctores D. y F., como habían prometido.

En pocas palabras les expuse mi intención, y, como no pusieron inconveniente, considerando que el enfermo estaba ya en plena agonía, seguí sin vacilar, cambiando los pases laterales por otros verticales y concentrando mi mirada en el ojo derecho de Valdemar.

Por entonces su pulso era imperceptible y respiraba entre estertores, a intervalos de medio minuto.

Esa situación se mantuvo casi sin cambios durante un cuarto de hora. Un suspiro perfectamente natural, aunque muy profundo, escapó del pecho del moribundo. Cesó la respiración estertórea o, mejor dicho, dejaron de percibirse los estertores. Los intervalos seguían siendo los mismos. Las extremidades del paciente tenían la frialdad del hielo.

A las once menos cinco advertí señales evidentes de influencia hipnótica. El movimiento giratorio de los ojos vidriosos fue sustituido por esa expresión de incómodo examen interior que es característica de los hipnotizados. Bastaron unos rápidos pases laterales para hacer temblar los párpados, como al principio del sueño, y algunos más para cerrar los ojos.

No bastaba esto, sin embargo, para contentarme. Repetí vigorosamente los pases y empeñé toda mi voluntad, hasta que hube conseguido la completa rigidez de los miembros del durmiente, a quien previamente había colocado en la posición que me pareció más cómoda. Las piernas estaban completamente estiradas; los brazos, extendidos, descansaban en el lecho, junto al cuerpo; la cabeza permanecía algo levantada.

Para entonces ya era medianoche, y pedí a los presentes que examinaran el estado de Valdemar. Tras algunas comprobaciones, admitieron que se encontraba en un estado excepcionalmente perfecto de trance hipnótico. La curiosidad de ambos médicos se había despertado en sumo grado. El doctor D. decidió pasar toda la noche a la cabecera del paciente, mientras el doctor F. se marchaba, con la promesa de volver al amanecer. El señor L. y los enfermeros se quedaron.

Dejamos tranquilo a Valdemar hasta las tres de la madrugada, cuando me acerqué a él y lo encontré en la misma posición que al marcharse el doctor F. Su pulso era imperceptible. La respiración era tan suave que solo podía detectarse aplicando un espejo a los labios. Los ojos estaban cerrados con naturalidad y las piernas tenían la rigidez y la frialdad del mármol. No obstante, la apariencia general no era la de un cadáver.

Intenté que su brazo derecho siguiera los movimientos del mío, que se desplazaba suavemente sobre su cuerpo. Esa clase de experimento siempre había fracasado con Valdemar, y no esperaba tener más éxito ahora. Pero, para mi asombro, su brazo fue siguiendo, aunque débilmente, las evoluciones del mío. Me atreví a pronunciar algunas palabras.

–Valdemar –pregunté–, ¿duerme usted?

No contestó, pero advertí un temblor en sus labios, por lo cual repetí la pregunta. A la tercera vez, todo su cuerpo se agitó con un leve estremecimiento. Los párpados se alzaron lo bastante como para asomar ligeramente el blanco del ojo. Los labios se movieron con lentitud y dieron paso a estas palabras apenas audibles:

–Sí, ahora duermo. ¡No me despierte! ¡Déjeme morir así!

Al palpar los miembros, los encontré tan rígidos como antes. El brazo derecho aún seguía la dirección de mi mano. Volví a interrogarle:

–¿Sigue sintiendo dolor en el pecho, Valdemar?

La respuesta fue inmediata, pero aún menos audible que la anterior:

–No sufro... Me estoy muriendo.

No me pareció razonable molestarle más por el momento, y nada más se hizo o se dijo hasta que el doctor F. llegó poco antes del amanecer, y se quedó completamente asombrado al encontrar al paciente con vida. Tras tomarle el pulso y acercar un espejo a sus labios, me pidió que lo interrogara.

–Valdemar –dije–, ¿sigue usted durmiendo?

Como antes, pasaron unos minutos sin que contestara, y durante el intervalo el paciente dio la impresión de estar reuniendo fuerzas para hablar. A la cuarta repetición de la pregunta, y con una voz que la debilidad volvía casi imperceptible, murmuró:

–Sí, duermo. Estoy muriéndome.

Los médicos tenían la opinión o, mejor, la convicción, de que Valdemar debía permanecer en su estado de aparente tranquilidad hasta que la muerte sobreviniera, cosa que, según ellos, tardaría pocos minutos. Decidí, sin embargo, hablarle una vez más, y repetí mi pregunta.

Mientras lo hacía, en las facciones del hipnotizado se produjo un cambio notable. Los ojos se abrieron y giraron en sus órbitas lentamente, y las pupilas desaparecieron hacia arriba; la piel adquirió una tonalidad cadavérica, más parecida al papel blanco que al pergamino, y los círculos hécticos,[12] que hasta entonces destacaban con claridad en el centro de cada mejilla, se apagaron de pronto.

Uso esta palabra porque su desaparición me recordó a la repentina extinción de una vela. Al mismo tiempo, el labio superior se replegó, dejando al descubierto los dientes que antes cubría por completo; la mandíbula inferior cayó con un golpe seco, dejando la boca abierta de par en par y mostrando una lengua hinchada y ennegrecida. Ninguno de los presentes ignoraba los horrores de un lecho de muerte, pero el aspecto de Valdemar era tan atroz que hubo un movimiento general de retroceso.

Comprendo que he llegado a un punto de mi relato que el lector considerará increíble. Me veo, sin embargo, en la necesidad de continuar.

Ya no quedaba en Valdemar signo de vitalidad alguno. Convencidos de que estaba muerto, íbamos a confiarlo ya a los enfermeros, cuando advertimos un

12. Héctico: propio de la tisis o tuberculosis pulmonar.

fuerte movimiento vibratorio de la lengua. Esto duró alrededor de un minuto.

Después, una voz, que sería insensato pretender describir, brotó entre aquellas mandíbulas separadas e inmóviles. Cierto que hay dos o tres adjetivos parcialmente aplicables. Podría decir, por ejemplo, que su sonido era áspero y quebrado, y hueco. Pero el horroroso conjunto es indescriptible, por la sencilla razón de que los oídos humanos nunca han percibido resonancias semejantes.

Dos características, sin embargo, me parecieron, y aún me parecen, propias de aquel sonido. Las menciono porque pueden dar una idea de su condición inhumana. En primer término, la voz parecía llegar desde muy lejos, o de una caverna en la profundidad de la tierra. En segundo lugar, impresionaba al oído –temo que me resultará imposible hacerme entender– del mismo modo que las materias viscosas y gelatinosas impresionan al sentido del tacto.

He hablado de sonido y también de voz. He de decir que el sonido consistía en un silabeo nítido, de una claridad asombrosa y terrible. El señor Valdemar hablaba, y era evidente que estaba contestando a la pregunta que le había formulado minutos antes. Como se recordará, le había preguntado si dormía. Y ahora dijo:

–Sí... No... He estado durmiendo. Y ahora, ahora estoy muerto.

Ninguno de los presentes intentó ocultar el inexpresable, estremecedor horror que esas pocas palabras y esa voz nos infundieron. El señor L., el estudiante, cayó desvanecido. Los enfermeros salieron del dormitorio y se negaron a volver. Por mi parte, no intentaré comunicar mis propias impresiones al lector. Durante una hora, en silencio, nos dedicamos a reanimar a L. Solo cuando volvió en sí pudimos examinar de nuevo el estado de Valdemar.

No había cambiado en nada, salvo que el espejo ya no se empañaba al ser aplicado a los labios. Fue inútil que tratáramos de sacarle sangre del brazo. Debo añadir que este no obedecía ya a mi voluntad. En vano me esforcé por hacerle seguir la dirección de mi mano.

La única señal de la influencia hipnótica era el movimiento vibratorio de la lengua, cada vez que lo interrogábamos. Parecía hacer todo lo posible por contestar, pero carecía de la voluntad suficiente. Y, aunque me esforcé por poner a cada uno de los presentes en relación hipnótica con él, permaneció insensible a las preguntas de los otros.

Con esto creo haber señalado lo necesario para que se comprenda el estado del hipnotizado en esos momentos. Conseguimos otros enfermeros, y a las diez de la mañana abandoné la casa en compañía de ambos médicos y del señor L.

Por la tarde volvimos a ver al paciente. Su estado no había cambiado. Discutimos la posibilidad y la conveniencia de despertarlo, pero enseguida llegamos a la conclusión de que no conseguiríamos nada bueno. Era evidente que hasta entonces la muerte, o eso que suele llamarse así, había sido detenida por el proceso hipnótico. Parecía claro que, si despertábamos a Valdemar, solo apresuraríamos su inmediata o al menos rápida extinción.

Desde esa tarde hasta el final de la semana pasada –un intervalo de casi siete meses– seguimos visitando diariamente la casa de Valdemar, acompañados por médicos o por otros amigos. Durante todo ese tiempo, el hipnotizado se mantuvo exactamente como lo he descrito. La vigilancia de los enfermeros era continua.

Por fin, el viernes pasado resolvimos hacer lo posible para despertarlo. Sin duda, el lamentable resultado de esa experiencia es lo que ha producido tanta discusión en algunos círculos y generado una reacción pública que considero desproporcionada.

Para librar al paciente del trance hipnótico, recurrí a los pases acostumbrados. Al principio fueron inútiles. La primera indicación de una vuelta a la vida la proporcionó un descenso parcial del iris. Nos llamó la atención que ese descenso de la pupila fuese acompañado de un abundante flujo de icor[13] amarillento, procedente de debajo de los párpados, que despedía un olor penetrante y fétido.

Se me sugirió que intentara influir en el brazo del paciente, como otras veces. La tentativa no resultó. Entonces el doctor F. me aconsejó que interrogara al paciente:

–Señor Valdemar, ¿puede explicarnos qué sensaciones y deseos tiene ahora? –le pregunté.

---

13. Icor: en la antigua cirugía, líquido seroso que rezuman ciertas úlceras malignas.

Los círculos hécticos reaparecieron de inmediato en las mejillas. La lengua tembló, o más bien giró con violencia en la boca, aunque las mandíbulas y los labios permanecieron rígidos. Y entonces irrumpió aquella horrenda voz que ya he descrito:

–¡Por amor de Dios... Pronto, pronto... Hágame dormir... O despiérteme... ¡Pronto! ¡Le digo que estoy muerto!

Perdí la serenidad y durante un momento no supe qué hacer. Por fin, me decidí a intentar calmar al paciente. Pero al ver que fracasaba, a causa de la total suspensión de la voluntad, rectifiqué y luché con todas mis fuerzas para despertarlo.

Pronto comprendí que lo conseguiría, y estoy seguro de que todos los presentes imaginaron que estaban a punto de asistir al despertar del señor Valdemar.

Pero lo que de veras ocurrió fue algo para lo que ningún ser humano podía estar preparado.

Mientras ejecutaba rápidamente los pases hipnóticos, entre los gritos de «¡Muerto! ¡Muerto!», que parecían explotar sobre la lengua del paciente, y no de sus labios, todo su cuerpo, en el espacio de un minuto o aún menos, se encogió, se deshizo y se pudrió entre mis manos. Sobre el lecho, ante todos los presentes, yacía una masa casi líquida, repugnante, de abominable putrefacción.

2
NIKOLÁI GÓGOL

Nikolái Gógol nació en 1809 en Soróschintsy, en la gobernación de Poltava, actualmente en Ucrania. Tenía quince años cuando murió su padre. En 1828 se trasladó a San Petersburgo, donde trabajó en un modesto empleo de la administración zarista. En 1831 conoció al ya reputado poeta Aleksandr Pushkin (1799-1837), que le ofreció su amistad y le ayudó a empezar su carrera como autor.

Los relatos que escribió entre 1830 y 1835 están situados en Ucrania. Aunque se publicaron en diferentes libros, suelen ser conocidos en conjunto como *Cuentos ucranianos*. De modo semejante, los que escribió entre 1835 y 1842 están situados en San Petersburgo y suelen ser conocidos como *Cuentos de San Petersburgo*. En estos últimos, sobre todo, se basa su reputación de cuentista excepcional. *La nariz*, *El capote* y *Diario de un loco* deberían figurar en todas las antologías de la literatura fantástica. Son textos de una gran creatividad imaginativa y lingüística y un humor desaforado.

Pero fue su comedia *El inspector* (1836), sátira sobre la sociedad rusa y verdadera mascarada, donde nadie es lo que parece, la obra que lo convirtió en un autor famoso.

El tono crítico de *El inspector* generó cierta controversia, que acabó por llevarle a pasar cinco años fuera de Rusia. Durante ese periodo escribió *Almas muertas*, una de las grandes narraciones de todos los tiempos, cuya primera parte se publicó en 1842, y *Tarás Bulba*, novela épica protagonizada por el cosaco del mismo nombre.

En 1848 peregrinó a Jerusalén. A su vuelta decidió abandonar la literatura para concentrarse en la religión. Estaba trabajando en la segunda parte de *Almas muertas* cuando conoció al padre Matvei, un predicador provinciano que había iniciado su carrera clerical en una serie de pequeñas aldeas, donde controlaba hasta el menor aspecto de la vida de sus parroquianos.

Gógol, que era muy impresionable y siempre había temido el poder del diablo, cayó bajo su influjo severo. Con el pretexto de ahuyentar al maligno, el padre Matvei le animó a mortificar su cuerpo y a desdeñar las pasiones, a comer poco, a beber solamente en caso de sed extrema, a pasar las noches en vela, de rodillas sobre el suelo desnudo, sumido en una continua plegaria.

A fuerza de abstinencia, el propio Gógol se convirtió en una especie de monje. Quiso poblar la segunda parte de *Almas muertas* de seres bondadosos, perfectos, ejemplares. Pero esos seres no pertenecían a su mundo, y lo que escribía el Gógol monje desagradaba profundamente al Gógol artista.

Durante la noche del 11 de febrero de 1852, quemó el manuscrito en el que había estado trabajando durante diez años. El padre Matvei se congratuló, convencido de que por fin había seguido sus recomendaciones. Escribir novelas era para él una ocupación inmoral, dañina, pecaminosa. Nada nos impide imaginar, sin embargo, que Gógol quemó su novela al comprender que el texto terminado traicionaba su genio.

El resto fue una historia de horror, tan macabra y dramática como las que el propio Gógol había escrito de joven. Alarmado al comprobar su extremada delgadez, uno de sus protectores buscó la ayuda de los médicos. El diagnóstico oficial fue gastroenteritis *ex inanitione*, inflamación del estómago y de los intestinos a causa de la inanición. Las privaciones y el ayuno le estaban matando.

La espléndida escuela de grandes médicos rusos no existía aún, y en su lugar se consultaba a sanitarios franceses y alemanes de segundo orden. En el caso de Gógol acudieron tres. Como no se ponían de acuerdo sobre el tratamiento a seguir, decidieron probarlos todos.

Procedieron, pues, a sangrar al paciente repetida y profusamente. Le colocaron sanguijuelas vivas en la nariz y en la boca y una cataplasma de mostaza en la espalda. A la fuerza le introdujeron supositorios en el ano, derramaron líquidos malolientes sobre su cabeza, lo cubrieron de panes calientes recién sacados del horno y lo sumergieron en baños helados. A veces, para mayor ingenio, lo introducían en un baño caliente mientras le hacían apoyar la cabeza en un bloque de hielo.

En medio del delirio, el pobre Gógol creía encontrarse ya en el infierno, sufriendo los tormentos que el padre Matvei le había prometido si no se enmendaba.

Lo peor para él eran las sanguijuelas, pequeños diablos hinchados y negruzcos que le colgaban de las aletas y del septo nasal y pugnaban por adentrarse en los orificios.

–¡Quitádmelas, quitádmelas de encima! –gritaba, y sus terribles lamentos se oían desde la calle.

Tanto se debatía que al final le ataron las manos.

–¡Pronto, una escalera! ¡Traedme una escalera! –fueron sus últimas palabras.

Viy, que en ocasiones ha sido traducido como *El rey de los gnomos*, se publicó por primera vez en *Mirgorod* (1835), la primera colección de cuentos del autor. En una nota preliminar, Gógol escribió que se trataba de una leyenda ucraniana, producto de la fantasía popular, y que él se había limitado a transcribirla. Era una superchería, porque ni él había oído hablar de Viy ni hay indicios de su presencia en el folclore ucraniano. En cambio, otras criaturas sobrenaturales, como la *rusalka* o los demonios que se reúnen en la iglesia, pueden adscribirse a las supersticiones eslavas de los no muertos.

VIY[1]

Desde el momento en que la campana del seminario, que colgaba sobre la puerta cochera del seminario de Kiev,[2] empezaba a sonar, grupos de estudiantes y seminaristas acudían desde todos los barrios de la ciudad. Gramáticos, retóricos, filósofos y teólogos, llamados así según el nombre del curso en que estaban, acudían a las clases con sus libros y cuadernos bajo el brazo.

Los gramáticos, que correspondían a las clases elementales, todavía eran niños. Entraban corriendo, empujándose y gritando con sus voces atipladas. Casi todos llevaban ropas sucias y harapientas, con los bolsillos llenos de mil fruslerías, silbatos de pluma hechos por ellos mismos, huesos de cordero con los que juga-

---

1. Viy era el nombre que se daba en la Pequeña Rusia, es decir en la actual Ucrania, al rey de los gnomos, genios subterráneos que custodiaban los metales. Se creía que la mirada de Viy era mortal para todo hombre que le mirara directamente a los ojos.
2. Kiev, capital de Ucrania, junto al río Dniéper. Lo que se llamaba seminario era la universidad. A ella asistían tanto los seminaristas propiamente dichos, que seguían la carrera eclesiástica, como los estudiantes de carreras laicas.

ban a la taba,[3] restos de empanadas y, en primavera, algún polluelo de gorrión que rompía con su piar el silencio de la clase, haciendo que su dueño fuese castigado con palmetazos o azotes.

Algo mayores que los gramáticos, los retóricos caminaban con mayor aplomo. Sus trajes estaban mejor conservados y más limpios, pero sus rostros mostraban las huellas de numerosas peleas: ojos morados, magulladuras y arañazos. Hablaban entre sí con voces de tenores.

Los filósofos y los teólogos conversaban en tonos más bajos. Solo llevaban tabaco en sus bolsillos, porque en cuanto veían algo de comida lo devoraban. Desprendían un olor tan penetrante a tabaco de pipa y aguardiente que, cuando un trabajador se cruzaba con ellos, se detenía y los olfateaba como un perro de caza.

A la hora en que empezaban las clases la plaza empezaba a llenarse, y las vendedoras de panecillos, de pasteles, de bizcochos con miel y de toda clase de golosinas, se acercaban a los estudiantes y tiraban de las mangas de los que iban mejor vestidos.

–¡Señorito, señorito, aquí, aquí! –exclamaba una vendedora–. ¡Vea qué panecillos y qué pasteles! ¡Bizcochos con miel! ¡Una delicia! ¡Juro por Dios que los he hecho yo misma!

3. La taba es el hueso conocido como astrágalo. Sirve para practicar un juego muy simple, que consiste en lanzar la taba y sumar o restar según las partes salientes del hueso queden hacia arriba o hacia abajo.

–¡Una salchicha, señorito, cómpreme una salchicha! –pregonaba otra, sacando de un cesto algo largo y torcido.

–No le compre nada a esa desvergonzada, señorito –intervenía su vecina–. ¡Mire qué nariz y qué manos más sucias!

Estas provocaciones solo las destinaban a los más pequeños y no a los filósofos ni a los teólogos, que no necesitaban que alguien los animara para acercarse a probar la mercancía. Lo hacían continuamente, y con todo descaro.

Al llegar al seminario, la multitud de estudiantes se dispersaba y se dirigía a sus aulas. Eran habitaciones amplias, de techo bajo, ventanas pequeñas, puertas anchas y bancos ennegrecidos por el uso, que enseguida se animaban con una suerte de murmullo variado y confuso.

Los profesores hacían repetir las lecciones a los alumnos. La voz agria e incisiva de un gramático hacía vibrar el cristal roto de una ventana, que parecía contestarle. Desde una esquina, un retórico recitaba su lección con una voz de bajo que, desde lejos, sonaba como un bordoneo. Mientras escuchaban distraídamente, los profesores escrutaban las prendas de sus alumnos con interés, en busca de panecillos o pedazos de pastel que asomaran de los bolsillos. Si los encontraban, los confiscaban en el acto.

Cuando aquel ilustre alumnado llegaba a las clases antes que sus maestros o sabía que estos iban a comparecer más tarde, organizaba una serie de peleas en las que no solo intervenían los estudiantes, sino también los cuidadores, encargados de velar por el orden y la moralidad del seminario.

Casi siempre eran dos teólogos los que decidían las condiciones: si cada clase se dividía en dos grupos que tenían que luchar entre sí, o si era el seminario entero el que se dividía en dos bandos, y los estudiantes que aspiraban a seguir la carrera eclesiástica debían luchar contra todos los demás.

En ambos casos, los gramáticos, es decir, los más pequeños, solían empezar la lucha, pero, tan pronto los retóricos entraban en acción, se retiraban y se limitaban a mirar. Después entraban en batalla los filósofos, con sus largos bigotes negros, y finalmente los teólogos de cuello grueso y pantalón de cosaco. Por lo común, el combate terminaba con la derrota de los filósofos, que abandonaban el campo frotándose los costados doloridos.

Cuando entraba el maestro, que en su juventud también había participado en peleas como aquellas, enseguida adivinaba lo sucedido por las caras congestionadas de los alumnos, y, mientras uno golpeaba a los retóricos en la punta de los dedos con una vara, en el aula contigua otro azotaba a los filósofos con una regla. Los teólogos, en cambio, recibían una buena ración de guisantes, que es como su profesor llamaba al castigo con el *kantchouki.*[4]

Los domingos y los días de fiesta, los estudiantes montaban algún espectáculo en la ciudad. Casi siempre

4. *Kantchouki*: pequeño látigo con tiras de cuero.

consistía en una función de marionetas, pero a veces representaban una comedia, y para esos casos siempre había cierto teólogo que actuaba como héroe o como heroína. Era un estudiante muy alto, que representaba a la perfección a Herodías o a la mujer de Putifar.[5] A cambio recibían un saco de maíz, medio ganso asado o unos metros de tela.

Y es que toda aquella docta gente, tanto los destinados a la carrera eclesiástica como los demás, que convivían en un ambiente de implacable antagonismo, era tan pobre que carecía de medios para alimentarse, y pasaba un hambre atroz, hasta tal punto que, por muchos alimentos que tomasen, nunca les bastaba, y ni siquiera la generosidad de algunos ricos propietarios bastaba para satisfacer sus necesidades.

A veces se reunía un comité, compuesto por filósofos y teólogos, y acordaba enviar una partida de gramáticos y retóricos, provistos todos de sus correspondientes sacos y capitaneados por un filósofo, para hacer una incursión por los huertos próximos, y hacer acopio de pepinos, calabazas y otras hortalizas. Por el camino se atiborraban tanto de melones y sandías que al día siguiente, en clase, seguían oyéndose los ruidos de sus panzas. Quizá valga la pena mencionar, en este

5. Herodías (7 a. C.-39 d. C.) fue una princesa de la tierra de Edom. Se casó con Herodes Filipo y luego con Herodes Antipas, tetrarca de Galilea, y fue madre de Salomé. Putifar fue, según la Biblia, un oficial de la guardia del faraón, cuya mujer intentó seducir a José.

punto, que casi todos los estudiantes llevaban caftanes,[6] tan largos que al caminar casi se los pisaban.

Pero de todos los acontecimientos del año el más importante para el seminario eran las vacaciones, que empezaban en junio, cuando se enviaba a los estudiantes de vuelta a sus casas. Entonces los caminos se llenaban de gramáticos, de retóricos, de filósofos y de teólogos. Quienes carecían de una casa familiar se las arreglaban para pasar el verano en la de algún compañero. Los filósofos y los teólogos se ofrecían para dar lecciones a los hijos de los terratenientes, y a cambio recibían un par de botas nuevas o un caftán medio usado.

Partían en formación, como un regimiento. Comían juntos y acampaban a cielo abierto. Cada uno llevaba un saco con una camisa y un par de calcetines. Los teólogos eran particularmente ahorrativos. Para no desgastar sus botas, se las colgaban al hombro y andaban descalzos. Si el camino era pantanoso, se subían los pantalones hasta las rodillas y vadeaban los hoyos y los charcos con decisión.

Si durante su larga caminata encontraban alguna finca, se dirigían a ella, se situaban bajo las ventanas y entonaban una canción. El propietario, que solía ser un cosaco o un terrateniente, los escuchaba conmovido y después le decía a su esposa:

---

6. Caftán: prenda de origen persa o turco, sin cuello, que cubre el cuerpo hasta media pierna. Lleva mangas cortas y se abre por delante.

–Oye, mujer, lo que han cantado esos estudiantes sonaba muy devoto. Dales algo de comer, que se lo han ganado.

Los sacos de los estudiantes se llenaban entonces de tocino, empanadas e incluso una gallina atada por las patas, que acababa entre la camisa y los calcetines. Así provistos, reanudaban alegremente su camino. Pero, a medida que avanzaban, su número disminuía poco a poco, hasta que solo quedaban los estudiantes cuyos hogares estaban más lejos.

Una vez, durante uno de estos viajes, tres estudiantes, cuyos sacos llevaban algún tiempo vacíos, dejaron el camino principal en busca de alimentos. Los tres compañeros eran el teólogo Khaliava, el filósofo Thomas Brutus y el retórico Tiberius Gorobetz.

El teólogo era un muchacho alto de hombros anchos, con una costumbre bastante extraña. Tenía una fuerte tendencia a apropiarse de cuanto estaba al alcance de su mano. Por lo demás se mostraba casi siempre taciturno, en especial cuando bebía más de la cuenta. Entonces se escondía entre los matorrales, y a sus compañeros les costaba mucho encontrarlo.

En cambio, Thomas Brutus tenía un carácter alegre. Disfrutaba permaneciendo acostado y fumando en pipa, y cuando se emborrachaba invitaba a los músicos y se ponía a bailar el *tropak*.[7] En el seminario recibía a menudo una buena ración de guisantes, pero solía

---

7. *Tropak*: danza tradicional ucraniana de gran viveza, bailada por los cosacos.

decir, con estoicismo, que siempre ocurre lo que ha de ocurrir.

En cuanto al retórico Tiberius Gorobetz, aún no tenía el permiso necesario para llevar bigote, beber aguardiente y fumar en pipa. Llevaba una trenza en medio de la cabeza afeitada,[8] prueba de que su carácter estaba todavía por formar. A juzgar por los moretones que lucía en la cara, y con los que aparecía en las clases, prometía ser un luchador valiente. El teólogo Khaliava y el filósofo Thomas Brutus le tiraban de la trenza como señal de afecto, y solían utilizarlo como mensajero.

Empezaba a oscurecer cuando, como hemos dicho, los tres estudiantes abandonaron el camino principal. El sol había desaparecido en el horizonte, pero el calor estival aún se percibía en el aire. El teólogo y el filósofo caminaban en silencio, fumando sus pipas, y Tiberius tronchaba con el bastón las cabezas de los cardos. El sendero serpenteaba entre los nogales y los robles diseminados por la llanura, y solo alguna colina, redonda como las cúpulas de las iglesias, aliviaba su monotonía.

Dos veces habían visto campos de trigo, lo que les hacía pensar que en las cercanías habría una aldea o al menos una hacienda. Pero ya llevaban caminando una hora sin encontrar indicios de un asentamiento. El cielo estaba bastante oscuro, y al oeste, en el horizonte, solo se veía una franja de cielo rojiza.

---

8. Los antiguos ucranianos se afeitaban la cabeza, y solo se dejaban un penacho de pelo en el centro.

–¡Qué extraño es esto! –dijo el filósofo Thomas Brutus–. Estaba seguro de que pronto llegaríamos a una aldea.

El teólogo permaneció en silencio, miró hacia el horizonte y siguió fumando.

–¡Por todos los santos! –exclamó el filósofo al cabo de un rato–. No se ve nada.

–Si seguimos andando, hemos de llegar a algún sitio –replicó el teólogo, sin quitarse la pipa de la boca.

Pero ya era de noche. Las nubes aumentaban la oscuridad, y no había indicios de que la luna o las estrellas fuesen a aparecer. Los tres compañeros empezaron a comprender que se habían perdido.

Después de buscar el sendero con los pies, el filósofo preguntó:

–¿Dónde está el camino?

Al cabo de un rato, como si hubiera meditado la respuesta, el teólogo repuso:

–Es muy fácil perderlo, en una noche tan oscura.

El retórico fue de un lado a otro, se puso a cuatro patas y empezó a gatear, pero sus manos solo encontraron arbustos y madrigueras de zorros.

En torno a ellos se extendía la inmensa estepa, que parecía no haber sido habitada nunca. Aunque estaban cansados, se esforzaron y siguieron adelante, pero el lugar se les antojaba cada vez más salvaje e inhóspito. El filósofo dio algunos gritos, pero su voz se perdía en la lejanía. Al cabo de un rato oyeron una suerte de gemido, que recordaba al aullido de un lobo.

–¡Maldita sea! –exclamó el filósofo–. ¿Qué hacemos ahora?

–¿Qué podemos hacer? Detenernos y pasar la noche aquí, en el campo –contestó el teólogo, y volvió a encender su pipa.

Pero el filósofo, acostumbrado a comer al menos un par de kilos de pan con manteca de cerdo antes de acostarse, no podía estar de acuerdo con aquella propuesta. Su estómago, insoportablemente vacío, hacía toda clase de ruidos. Además, y pese a su carácter jovial, los lobos le daban bastante miedo.

–No, amigo Khaliava. Eso no es posible –objetó–. ¿Cómo vamos a tendernos en el suelo, como perros, sin haber cenado? Sigamos un poco más y tal vez encontremos una casa, y el consuelo de beber un vaso de vino antes de dormir.

Al oír la palabra *vino*, el teólogo escupió a un lado y dijo:

–Tienes razón. Sin duda, eso es lo que necesitamos.

Y los tres siguieron andando. Por suerte para ellos, pronto oyeron el ladrido de unos perros en la distancia. Los escucharon para asegurarse de su procedencia, y se encaminaron hacia ellos. No tardaron en ver unas luces.

–¡Una granja, por todos los santos, una granja! –gritó el filósofo.

Sus conjeturas eran ciertas. Poco después llegaron ante una granja de solo dos o tres casas, construidas en torno a un patio y rodeada toda ella por una cerca. Había luz en una ventana, y una docena de ciruelos sobrevolaban la cerca con sus ramas. Al mirar entre las estacas, los estudiantes distinguieron varios carruajes de vendedores ambulantes, aparcados en el patio. Mientras, el cielo se había despejado un poco, dejando ver algunas estrellas.

–Tenemos que espabilarnos, compañeros. Cueste lo que cueste, hemos de conseguir un lugar para pasar la noche –ordenó el filósofo.

Los tres doctos varones llamaron a la puerta al mismo tiempo, y gritaron juntos:

–¡Eh, los de ahí dentro, abran, abran!

Una puerta giró sobre sus goznes, y una anciana envuelta en un grueso abrigo apareció en el umbral.

–¿Quién anda ahí? –preguntó, entre toses.

–Deja que entremos, madrecita. Perdimos el camino, nuestros estómagos están vacíos y no queremos pasar la noche al raso.

–¿Pero quiénes sois? –insistió la anciana.

–Gente inofensiva: el teólogo Khaliava, el filósofo Brutus y el retórico Gorobetz.

–No puede ser –refunfuñó la anciana–. Tengo la casa entera llena de gente, y todos los rincones están ocupados. ¿Dónde iba a meteros? Sois tan grandes y robustos que la casa podría derrumbarse bajo vuestro peso. Además, sé por experiencia que todos los estudiantes son unos pedigüeños, unos borrachos y unos pendencieros, y que lo rompen todo. No quiero recibir a gente así. ¡Fuera de aquí, pues! No tengo sitio para vosotros.

–¡Por Dios, abuelita, ten piedad! No dejes morir a unos buenos cristianos libres de toda culpa. Puedes ponernos donde quieras y, si hacemos algo malo, lo que sea, que nuestras manos se sequen y que Dios nos castigue.

La anciana pareció conmoverse un poco:

–Bueno, está bien –les dijo, tras un momento de reflexión–, os dejaré entrar. Pero que conste que os separaré y os pondré a los tres en sitios diferentes, para quedarme más tranquila.

–Haz lo que creas más conveniente. Nosotros te obedeceremos en todo.

La anciana les abrió el portón de la cerca y los tres estudiantes pasaron al patio.

–Escucha, abuela –dijo el filósofo, que iba tras ella–. ¿No te habrá sobrado algo de comida? A mi vientre le sucede algo muy raro. Desde esta mañana no me he llevado una miga de pan a la boca, y noto como si me pasaran ruedas de carro por encima.

–¿Lo veis, lo veis? –gruñó la vieja–. Sabía que no os contentaríais con el hospedaje. Pero no hay nada preparado y no voy a encender el horno a estas horas.

–Te pagaremos todo mañana en dinero contante y sonante, como debe ser –dijo el filósofo, pero como no pensaba cumplir su promesa añadió en voz baja–: Puedes contar con ello, vieja maldita.

–Está bien, está bien –aceptó la anciana–. Pero os conformaréis con lo que sea. ¡Grandes señores me ha traído el diablo esta noche!

Esa réplica entristeció al filósofo Thomas. Pero de pronto se animó, porque su fino olfato había percibido un olor a pescado seco. Miró hacia el teólogo, que se le había adelantado, y vio salir la cola de un pescado de uno de sus bolsillos. Al astuto Khaliava le había faltado tiempo para hacerse con una magnífica perca,[9] que había sacado de un carro del patio. No lo había hecho tanto por hambre como por la fuerza de la costumbre. Se había olvidado del pez y andaba buscando qué otra cosa podía quedarse, aunque solo fuese una rueda abandonada. El filósofo Thomas, que lo conocía bien, aprovechó esa distracción para quitarle el pescado, con tanta facilidad como si lo hubiera sacado de sus propios bolsillos.

La anciana fue mostrando su lugar a cada uno. Al más joven le asignó un cobertizo, al teólogo un almacén vacío y al filósofo un establo.

En cuanto se quedó solo, el filósofo se comió con avidez la perca, le dio un puntapié a un cerdo curioso, que había introducido el hocico entre unos tablones, y se acostó sobre el lado derecho, dispuesto a dormirse. De pronto se abrió la puerta del recinto y apareció la vieja.

–¿Qué buscas, abuelita? –le preguntó el filósofo, sorprendido.

La anciana fue derecha hacia él, con los brazos abiertos, y el filósofo retrocedió.

–Óyeme, abuelita –dijo–, estamos en Cuaresma, y ahora mismo no probaría la carne aunque me pagaran mil *zlotys*.[10]

---

9. La perca (*Perca fluviatilis*) es una especie de pez de la familia *Percidae*, muy abundante en los ríos y lagos de casi toda Europa central y occidental.
10. Moneda polaca, que en la época del relato estaba en curso en Ucrania.

Pero la anciana no le hizo caso. Seguía con los brazos extendidos, para impedir que se le escapara. El filósofo sintió miedo, sobre todo al darse cuenta de que los ojos de la anciana brillaban como brasas.

–¡Márchate, mujer! –gritó–. ¡Vete con Dios y déjame en paz!

Pero ella, sin decir nada, lo agarró por las manos. El filósofo se zafó e intentó escapar. Fue inútil, porque la vieja se colocó delante de la puerta y le cerró el paso. Intentó empujarla, pero descubrió que ni sus brazos ni sus piernas le respondían. Hasta la voz le fallaba, y decía palabras que no llegaban a sonar. Solo su corazón latía con violencia.

Sin poder escapar, vio cómo la anciana lo cogía, le inclinaba la cabeza y saltaba sobre sus hombros con la agilidad de un gato. Luego lo golpeó con su escoba y le obligó a lanzarse hacia delante, piafando como un caballo.

Todo esto había sucedido con la rapidez del rayo. El filósofo se sujetó las rodillas con ambas manos para detenerlas, pero sus piernas se movían contra su voluntad, y saltaban y corrían a toda velocidad, como el mejor caballo circasiano.[11]

En menos tiempo del que se tarda en decirlo, se encontraron fuera de la granja. Galoparon por la inmensa llanura y luego por un bosque tan negro como el carbón. Fue entonces cuando comprendió que estaba en poder de una bruja.

---

11. Procedente de Circasia, región histórica del norte del Cáucaso famosa por sus caballos.

Apareció la luna y lo envolvió todo con una luz plateada y misteriosa, como un velo gigantesco. Los bosques, el campo, las colinas parecían dormir con los ojos abiertos. Asombrosamente, no había el menor soplo de viento. La atmósfera era húmeda y calurosa. Largas y afiladas, las sombras de árboles y arbustos se proyectaban sobre la llanura, mientras el filósofo Thomas Brutus corría con la anciana a cuestas.

Cuando miraba hacia abajo veía la hierba totalmente cubierta por una capa de rocío de maravillosa transparencia, como si la llanura fuese el fondo del mar. Su propia imagen y la de la anciana que llevaba a la espalda se reflejaban en la superficie.

Vio cómo, en lugar de la luna, un sol desconocido aclaraba las profundidades de aquel mar. Lejos, muy lejos, creyó distinguir un toque de campanas. Una *rusalka*[12] apareció entre los altos juncos. Se volvió hacia él. Su rostro, de ojos claros y penetrantes, era claramente visible. Ascendió desde el fondo, rozó la superficie del agua y, tras haber soltado una risa seductora, volvió a hundirse.

¿La había visto o no? ¿Era aquello un sueño o era verdad?

«¿Qué me está ocurriendo?», se preguntó el filósofo, mirando hacia abajo y sin dejar de galopar.

---

12. En la mitología eslava, una *rusalka* era un fantasma, un espíritu del agua o una sirena que vivía en los ríos. También se creía que tenían alguna relación con los muertos vivientes y los demonios.

Estaba cubierto de sudor y al mismo tiempo experimentaba una sensación agradable, una especie de goce terrible, que le asustaba por su misma fuerza. A ratos le parecía que ya no tenía corazón, y se llevaba la mano al pecho para comprobarlo.

Intentó recordar todas las oraciones que sabía y todos los exorcismos imaginables. Poco después sintió un gran alivio. Su carrera se hizo menos rápida, y la hechicera le presionó con menos fuerza. Las altas hierbas ya tocaban sus pies, y no parecía haber nada sobrenatural en todo aquello.

«Espera, maldita vieja, vas a ver ahora», se dijo el filósofo, y empezó a recitar en voz alta sus exorcismos.

De repente, como un rayo, retiró su cabeza de entre las piernas de la vieja y saltó a su vez sobre su espalda. La vieja se puso a correr con pasos muy cortos pero muy veloces, de modo que al filósofo le costaba mucho sujetarse, y apenas podía respirar. La tierra parecía deslizarse bajo sus pies y todo se confundía ante sus ojos, a causa de la rapidez de la carrera.

Agarró un palo que yacía en el suelo y golpeó a su montura con todas sus fuerzas. La anciana empezó a proferir largos gemidos, que al principio eran amenazantes y coléricos y que, al debilitarse, se volvieron casi amables, para acabar siendo tan dulces que ablandaban el alma.

A Thomas Brutus le parecía imposible que una voz como aquella pudiera brotar de la garganta de una vieja.

–¡Oh, ya no aguanto más! –exclamó ella.

Cayó agotada al suelo, y se quedó inmóvil.

El filósofo se arrodilló a su lado y la miró a los ojos. Amanecía, y las cúpulas doradas de las iglesias de Kiev brillaban en la distancia. Ante él yacía una joven de extraordinaria belleza, con la abundante cabellera en desorden y pestañas muy largas. Estaba inconsciente y respiraba con dificultad. Sus brazos desnudos y blancos se extendían a los lados y sus ojos llenos de lágrimas miraban al cielo.

Thomas Brutus empezó a temblar como una hoja. Sentía lástima, pero también terror y una agitación extraña, que le impulsaba a alejarse con rapidez de allí. Hizo acopio de fuerzas y echó a correr en dirección a Kiev. El corazón le latía con violencia y no podía explicarse los sentimientos que le embargaban ni la espantosa e increíble aventura que había vivido.

En la ciudad no quedaba un solo estudiante. Todos se habían marchado, dispersándose por las granjas y las aldeas vecinas. Como también el viejo seminario estaba vacío, el filósofo no pudo encontrar ni un mísero mendrugo, ni un pedazo de tocino, ni nada que llevarse a la boca, pese a que buscó y rebuscó por todas partes, hasta en los más ocultos rincones, donde algunos estudiantes solían esconder sus provisiones.

Sin pensarlo dos veces se dirigió al mercado, donde se puso a coquetear con una joven viuda, vestida de amarillo, a la que obsequió con todo su repertorio de guiños y bromas. La viuda tenía un puesto en el que vendía cintas, perdigones, pólvora, y ruedas de carretas. Esa misma tarde, gracias a la amabilidad de esa mujer, nuestro joven filósofo se vio en un jardín, bajo la sombra de los cerezos, sentado ante una mesa muy bien provista de pollo, carne picada, empanadillas y cuanto pueda imaginarse.

Después, por la noche, lo vieron en la taberna. Estaba echado sobre un banco, fumaba en su pipa como de costumbre y, ante la mirada de todos los presentes, pagó al dueño con una moneda de oro. Tenía ante sí una gran jarra de estaño y miraba con un aire tranquilo, despreocupado, a cuantos entraban y salían. Al parecer, había olvidado su aventura por completo.

No tardó en circular por la ciudad el comentario de que la hija del propietario más rico de la comarca, que tenía su finca a unas cincuenta *verstas*[13] de Kiev, había vuelto a casa de un paseo, destrozada y en un estado lamentable. Se ignoraba quién la había maltratado de aquella manera. La joven apenas había podido reunir fuerzas para llegar a casa de su padre. Ahora estaba agonizando, y había expresado el deseo de que, cuando muriese, un seminarista de Kiev llamado Thomas Brutus rezara ante su ataúd durante tres días y tres noches.

Fue el rector del seminario en persona quien informó al filósofo. Lo mandó llamar, lo recibió en su despacho y le ordenó que partiese sin pérdida de tiempo y se pusiera a las órdenes del rico propietario, que lo

13. La *versta* es una antigua unidad de longitud rusa, equivalente a 1.066 metros.

llamaba con urgencia a su casa y ya había enviado en su busca a sus sirvientes con una *kibitka*.[14]

El filósofo se estremeció, sin saber por qué. Tenía el presentimiento de que le esperaba algo terrible. Declaró, sin vacilar, que se negaba rotundamente a ir.

–Escúcheme, dómine[15] Thomas –dijo el rector, que a veces se dirigía a sus alumnos con mucha cortesía–: aquí nadie le está preguntando su opinión. Debo decirle que, si no obedece en el acto, haré que le azoten con unas ramas tiernas de abedul. Eso, por de pronto, le impedirá sentarse durante largo tiempo.

El filósofo se rascó ligeramente la oreja y salió sin decir nada, pero se prometió a sí mismo aprovechar la primera ocasión para huir. Bajaba por la escalera, pensativo, cuando llegó a escuchar con claridad la voz del rector, que daba instrucciones a su secretario y hablaba con otra persona, enviada sin duda por el propietario:

–Dele las gracias de mi parte por los huevos y por la harina –decía–, y explíquele que los libros que me ha pedido en su carta se los enviaré cuando hayan terminado de copiarlos. Y dígale de mi parte que me he enterado de que tiene peces excelentes en sus estanques, sobre todo grandes esturiones. Que me envíe alguno, porque los que venden en el mercado son poca cosa y cuestan mucho... Y tú, Yavtuj, ofrece a nuestros invitados unos vasos de aguardiente. Y usted vigile con

---

14. La *kibitka* es un carruaje con un vagón grande y cerrado, como una casa ambulante.
15. Dómine: profesor, maestro.

cuidado a ese filósofo, que en cuanto tenga ocasión intentará escaparse.

«¡Diablos, este viejo no tiene un pelo de tonto!», pensó Thomas Brutus.

Al llegar al patio vio el carruaje que le esperaba. Era tan grande que parecía un cobertizo sobre ruedas, y tan profundo como un horno de cocer ladrillos. En carros como aquel viajaban los judíos de Cracovia[16] con sus mercancías, cuando iban de una feria a otra.

Junto al carruaje había seis corpulentos cosacos, ya de cierta edad. Por sus caftanes de rica tela, adornados con galones dorados, se veía que su amo era un hombre muy rico e importante, y las cicatrices de sus rostros indicaban que habían probado su valor en el campo de batalla.

«Bueno, ¿qué vamos a hacerle? Lo que está escrito ha de cumplirse», se resignó el filósofo.

Y, dirigiéndose a los cosacos, les saludó:

–Buenos días, compañeros.

–Buenos días, señor filósofo –le contestaron algunos.

–¡Bien! ¿Así que tengo que ir con ustedes? –continuó, mientras ponía el pie en el estribo–. ¡Qué hermosa *kibitka*! Aquí dentro cabría una banda de música, y hasta queda sitio para ponerse a bailar.

–Sí, es cierto –le contestó uno de los cosacos, sentándose en el pescante al lado del cochero, que llevaba

16. Cracovia es la capital del voivodato o provincia de pequeña Polonia y una de las ciudades más grandes y antiguas de Polonia. Está en las márgenes del río Vístula.

la cabeza cubierta con un trapo porque había tenido que empeñar su sombrero en una taberna.

Los otros cosacos se acomodaron en las profundidades de la *kibitka*, y se sentaron sobre los sacos llenos de mercancías compradas en la ciudad.

–Sería interesante saber –aventuró el filósofo, deseoso de hablar– cuántos caballos harían falta para tirar de un carro como este, si estuviera cargado de sal o de clavos.

–Supongo que varios –contestó uno de los cosacos, después de pensar un poco y llegar a la conclusión de que, después de aquello, ya no estaría obligado a hablar con el filósofo durante el resto del viaje.

Lo que el filósofo quería era que le diesen detalles sobre el rico propietario hacia cuya casa se dirigían. Deseaba conocer detalles sobre su carácter, sus costumbres y en particular sobre aquella hija que había vuelto de una manera tan extraña, que ahora estaba a punto de morir y cuya historia se entremezclaba con la suya. Pero ningún cosaco se tomó la molestia de contestarle. Probablemente eran filósofos como él, porque no decían palabra y fumaban en pipa.

Solo uno de ellos le gritó al cochero:

–¡Oye, Overko, viejo truhán, no te olvides de parar y despertarnos a todos, cuando lleguemos a esa taberna que hay en el camino!

Dicho esto, se puso a roncar. Pero la advertencia era innecesaria, porque tan pronto la gigantesca *kibitka* tuvo a la vista la taberna, todos despertaron y gritaron a coro:

–¡Alto!

Y, aunque así no hubiera sido, los caballos de Overko estaban tan acostumbrados a detenerse ante cada taberna que lo hacían en cuanto la olfateaban.

Pese al calor apabullante del día, ninguno de los cosacos vaciló a la hora de saltar del carro y entrar en aquella pequeña y mísera taberna, cuyo dueño, un viejo judío, se puso muy contento al verlos, porque todos eran antiguos conocidos.

De inmediato les sirvió unas enormes salchichas y volvió la cabeza para no ver cómo se las comían, porque la carne de cerdo está rigurosamente prohibida por el Talmud.[17]

Todos se sentaron, cada uno con su gran vaso de aguardiente, y empezó la fiesta. El filósofo tomó parte en el banquete. Y, como los ucranianos, cuando beben, tienen la costumbre de abrazarse y llorar, hubo un momento en que las cuatro paredes de la taberna parecían llorar y beber con ellos.

–Oye, Spirid, ven aquí, que quiero darte un abrazo.

–Ven acá, Dorosch, que tengo unas ganas tremendas de apretarte contra mi corazón.

Un cosaco, el de más edad, que llevaba barba y un largo bigote gris, apoyó la cabeza en la mano y se puso a llorar desesperadamente, porque era huérfano y no

17. El Talmud es un texto esencial del judaísmo, que recoge principalmente las discusiones sobre leyes judías, tradiciones, costumbres, leyendas e historias, presentadas en buena parte en forma de preguntas.

tenía a nadie en el mundo. Otro, gran razonador, no dejaba de consolarle, diciendo:

–No llores, camarada, no llores. Solo Dios sabe lo que nos conviene.

Al cosaco llamado Dorosch le dio por acribillar a Thomas Brutus con preguntas sobre filosofía.

–Me gustaría saber qué les enseñan en el seminario. ¿Es lo mismo que el sacristán nos lee siempre en la iglesia o es otra cosa?

–No le hagas esas preguntas –intervino el razonador, incómodo–. Solo Dios lo sabe todo, y siempre sucede lo que Dios quiere.

–No, no, espera –insistió Dorosch–. Quiero saber qué pone en sus libros. Quizá no sea lo mismo que nos cuentan el sacristán y el diácono.

–Por Dios, déjalo tranquilo –pidió el razonador–. ¿Qué necesidad tenemos de hablar de todo esto, si ya te digo que es imposible que podamos cambiar algo? Siempre sucederá lo que deba suceder.

–Pero es que yo quiero saber todo lo que está escrito. Además, voy a ingresar en el seminario. ¿Qué opinas? ¿Crees que me enseñarán todo?

–¡Dios, Dios! –exclamó el razonador, y dejó caer la cabeza sobre la mesa, porque ya no podía sostenerla.

Los demás cosacos estaban ya completamente borrachos. Discutían entre ellos, criticaban a sus amos y cada uno daba su opinión personal sobre el brillo y el significado de la luna.

Al comprender cuál era la situación y en qué estado se encontraban sus guardianes, el filósofo empezó a considerar su fuga. Lo primero que hizo fue hablar con el viejo cosaco que lloraba porque era huérfano y estaba solo en el mundo:

–¿Qué necesidad hay de llorar, amigo? También yo soy huérfano. Ambos somos igual de desdichados. Deja que me vaya. ¿Para qué me queréis aquí?

–Es cierto –dijeron algunos–. Es huérfano. Que vaya donde quiera.

Ya los había convencido e incluso se ofrecían a acompañarle un trecho cuando el cosaco interesado en la filosofía se opuso rotundamente:

–No –les dijo a sus compañeros–. Quiero hablar con él sobre el seminario.

Por lo demás, aunque aquel cosaco no se hubiera opuesto, al filósofo le hubiera resultado muy difícil huir, pues cuando quiso levantarse de la mesa tuvo la sensación de que sus piernas eran de madera, y creyó ver tantas puertas que hubiera sido incapaz de encontrar la verdadera.

Solo al anochecer recordaron aquellas buenas gentes que debían continuar su camino. Subieron a la *kibitka* y partieron, azotando a los caballos y cantando una canción de la que era tan difícil entender la letra como seguir la melodía.

Después de haber errado durante muchas horas, perdiendo y encontrando varias veces un camino que debían conocer como la palma de la mano, bajaron por una pendiente pronunciada y entraron en un valle. El filósofo vio entonces una larga empalizada a ambos lados del camino. Tras la empalizada se distinguían unos árboles y los tejados de unas casas. Era una gran aldea, que pertenecía al propietario.

Se había hecho muy tarde. En el cielo abundaban las nubes, y solo en algunos claros se veía el brillo de las estrellas. No había luz en ninguna casa. Al acceder a un gran patio, rodeado de pequeñas casas y pajares, fueron acogidos por los ladridos de una jauría de perros. En el centro, justo ante la puerta de entrada, había una casa que debía de ser la del propietario, porque era de mejor apariencia y mayor tamaño que las demás. La *kibitka* se detuvo frente a una casucha medio desmoronada, que podía ser un granero o un pajar.

Los cosacos se separaron y fueron a dormir. El filósofo quería verlo todo e inspeccionar los alrededores de la casa señorial, pero le costaba mantener los ojos abiertos. La casa le parecía un enorme oso, y la chimenea le recordaba al rector del seminario. Haciendo un gesto de fastidio, se resignó y fue a dormir al lugar que le habían asignado.

Al día siguiente, al despertar, observó una gran agitación. La hija del propietario había fallecido durante la noche. Abrumados por las obligaciones, los criados corrían de un lado a otro. Unas ancianas lloraban. Como si no quisieran perderse un detalle, los curiosos escrutaban todo desde la cerca.

El filósofo se dedicó a examinar el lugar. Primero se fijó en la casa del dueño, un edificio bajo y no muy grande, como los que por entonces se construían en Ucrania. El tejado estaba cubierto de paja. Había un frontón decorado con flores azules y amarillas, con un extremo superior puntiagudo y una ventana redonda, y sostenido por pilares de roble, redondos por arriba, hexagonales por debajo y con capiteles muy trabajados. Bajo el frontón se alzaba una escalera, con bancos a los lados. Frontones parecidos, sostenidos por pilares semejantes, adornaban las otras fachadas de la casa.

Ante la casa crecía un gran peral de hojas temblorosas. Desde allí hasta las cocheras había graneros y cobertizos, donde se guardaban los instrumentos de labranza. En la pared de un cobertizo alguien había pintado a un cosaco sentado sobre un tonel, con un letrero que decía: «Yo solo me basto para beber todo esto». Otra pared estaba decorada con las imágenes de una botella gigante, un caballo con las pezuñas al aire, una pipa, un tambor y la inscripción «El vino es la alegría de los cosacos».

Por la ventana de una buhardilla podían verse un gran tambor y varias trompetas de cobre. Junto a la puerta, dos viejos cañones montaban guardia. Todo aquello parecía indicar que el propietario era muy amante de las juergas, y que allí se reunían grandes bebedores. Detrás del edificio había un jardín, y sobre la cima de los árboles se distinguía el humo de unas chimeneas, cuyas casas permanecían ocultas por el follaje. La aldea entera se extendía sobre una meseta en la falda de una montaña muy escarpada, que se alzaba tras la casa del propietario.

Una carretera que serpenteaba a lo largo de la montaña conducía a la aldea. Al ver a pleno día el angosto y abrupto camino por donde habían llegado la noche anterior, y los precipicios que habían bordeado, el filósofo se dijo que, o bien los caballos del dueño eran muy hábiles o bien los cosacos que lo habían llevado hasta allí tenían las cabezas demasiado duras como para temer rompérselas al caer.

Al mirar en la dirección contraria, Thomas Brutus descubrió un paisaje llano y encantador. Desde allí divisaba casi toda la aldea, que parecía estar durmiendo aún, pese a que el sol la acariciaba, y podía distinguir en la lejanía varias granjas. Daban la impresión de estar muy cerca unas de otras, aunque seguramente entre ellas mediaban varias *verstas*. Una pequeña cadena de colinas descendía hasta el Dniéper,[18] cuya tersa y refulgente superficie se destacaba en la lejanía como una faja de plata.

«¡Oh, qué lugar tan hermoso!», pensaba el filósofo mientras contemplaba aquel escenario. «¡Cómo me gustaría vivir aquí, pescar en el río o en los estanques y lagos tan azules, y cazar *strépettes* y *cronschneps*[19] con redes o con fusil! También podría recoger fruta, secarla y venderla en la ciudad o, mejor aún, hacer aguardiente con ella, porque el aguardiente de fruta no puede compararse con ningún otro. Pero ahora debo pensar en mi huida.»

---

18. El río Dniéper discurre por Rusia central, Bielorrusia y Ucrania, y desemboca en el mar Negro. Es uno de los ríos europeos más largos.
19. Especies de pequeñas avutardas y becadas, frecuentes en las estepas de Ucrania.

Su mirada se había detenido en un sendero que discurría más allá de la empalizada y que estaba medio oculto por los matorrales. Se dirigió hacia él con mucha cautela, saltó la empalizada y empezó a andar como si paseara, pero con intención de escapar. Apenas había dado unos pasos cuando sintió que una pesada mano se abatía sobre sus hombros. Era el viejo cosaco que había llorado en la taberna, porque no tenía padre ni madre.

–Es inútil que sueñes con escapar de aquí, señor filósofo –le dijo–. Hagas lo que hagas, nosotros nos encargaremos de impedirlo. Además, todos los caminos son malos para un caminante. Ven conmigo y saluda a nuestro amo, que te espera desde hace rato.

–De acuerdo. Llévame ante él –contestó Thomas Brutus, resignado.

El propietario, hombre ya mayor, con bigote gris y expresión de tristeza, estaba sentado ante una mesa en su habitación. El dolor que llevaba impreso en la cara y una palidez cadavérica eran un claro anuncio de que para él habían concluido las diversiones. Al llegar Thomas y el viejo cosaco, alzó una de sus manos e hizo un pequeño movimiento de cabeza en respuesta a las profundas reverencias de sus visitantes.

–¿Quién eres, de dónde vienes y cuál es tu profesión? –le preguntó al filósofo, en un tono que no era severo ni tampoco amable.

–Soy un estudiante del seminario de Kiev y me llamo Thomas Brutus.

–¿Quién es tu padre?

–No lo sé, excelentísimo señor.

–¿Y tu madre?

–Tampoco lo sé, excelencia, aunque lógicamente tendría que llamarse de algún modo.

El propietario permaneció un momento pensativo, y después preguntó:

–¿Dónde y cuándo conociste a mi hija?

–No la conozco ni hablé nunca con ella, señor, lo juro. Desde que nací, aún no he tenido relación alguna con una señorita.

–Entonces, ¿qué explicación puede haber para que mi hija te nombrara precisamente a ti, antes que a cualquier otro, para rezar las oraciones fúnebres ante su ataúd?

–Dios sabrá cómo explicarlo –contestó el joven filósofo, encogiéndose de hombros–. Sin embargo, tengo entendido que las personas de elevada alcurnia son bastante caprichosas y desean cosas que los hombres más sabios no entienden. ¿No hay un proverbio que dice: «Salta, diablo, cuando el señor lo ordena»?

–Señor filósofo –dijo el propietario, levantando la voz–, creo que estás burlándote de mí.

–Le juro que no, excelencia.

–¡Ah, si mi hija no hubiera muerto tan pronto! –se lamentó el propietario con amargura–. Un minuto más y me lo habría explicado todo, pero no tuvo tiempo. «Haz que busquen en Kiev a un seminarista llamado Thomas Brutus, que es quien debe rezar ante mi ataúd durante tres días y tres noches y rogar por el eterno descanso de mi alma. Él es el único que conoce mi pecado». Eso fue cuanto me dijo mi querida palomita, antes de morir. Por eso no entiendo sus palabras. ¿Será, acaso, buen hombre, que tú eres conocido por la santidad de tu vida y por tus buenas obras, y ella había oído hablar de ti?

–¿Quién? ¿Yo? –exclamó el seminarista, y retrocedió de la sorpresa–. ¿Yo, un santo? Señor, con todos mis respetos, no sabe lo que dice. Si hasta he comido dulces en Jueves Santo... Solo soy un miserable pecador...

–Pues aún lo entiendo menos... Pero, sea como sea, has de cumplir al pie de la letra la última voluntad de mi pobre hija. Empezarás hoy mismo.

–Excelencia, permita que le haga una objeción –repuso el filósofo–. Es evidente que cualquier persona que conozca las Sagradas Escrituras puede cumplir el deseo de su hija, en la medida de sus posibilidades. Pero creo que un diácono o al menos un subdiácono llevarían a cabo esa misión mejor que yo, un simple seminarista. Ellos están preparados, saben cómo deben hacerse esas cosas. Además, mi voz no es nada del otro mundo. Y tampoco tengo la mejor de las apariencias.

–Es posible que tengas razón, pero me da igual, porque aquí se trata de cumplir la última voluntad de mi palomita. Si lo haces bien y rezas las tres noches, te recompensaré espléndidamente. En caso contrario, atente a las consecuencias.

Estas últimas palabras las dijo en un tono tan amenazante que el infeliz seminarista no osó rechistar.

–¡Sígueme! –ordenó el propietario.

Salieron al vestíbulo. El propietario abrió otra puerta, que se abría frente a la suya. El filósofo se detuvo un momento para sonarse, y franqueó el umbral con una mezcla de temor e incertidumbre.

Todo el suelo estaba cubierto con una gran alfombra roja. Bajo los iconos, en un rincón y tendido sobre una mesa alta, yacía el cadáver, cubierto con un paño de terciopelo azul bordado de oro. Cuatro grandes cirios, colocados en sus palmatorias junto a la cabeza y los pies, arrojaban una luz pálida y suave que se mezclaba con los rayos del día.

Al principio, el joven filósofo no consiguió ver la cara de la difunta porque el padre se sentó delante de ella, dando la espalda a la puerta. Como si su hija pudiera oírle, el viejo propietario le dijo en voz baja:

–Lo que más siento, mi querida palomita, no es que hayas abandonado la tierra en la flor de la edad, antes del término fijado, dejándome triste y solo. Lo que lamento, hija mía, es no conocer a mi enemigo implacable, el que ha causado tu muerte. Si yo hubiera sabido que alguien pensaba en ofenderte, o en decirte algo desagradable, juro ante Dios que ese hombre no habría vuelto a ver a sus hijos, de haber sido viejo como yo, ni a sus padres, si aún hubiera sido joven, y que su cuerpo ya estaría sirviendo de pasto a las aves y bestias feroces de la estepa. Pero, para mi desgracia, mi pequeña flor del campo, mi luz, he de vivir el resto de mis días sin una sola alegría, obligado a enjugarme las lágrimas, mientras mi enemigo disfruta de la vida y se burla de mi infortunio.

Calló y su voz se ahogó en sollozos. Después de un largo silencio, el filósofo tosió para aclararse la voz. El viejo propietario se volvió y le indicó su puesto en la cabecera del túmulo, donde había un atril con libros.

«Tres noches pasan pronto, y luego me llenarán los bolsillos de monedas de oro», pensó el filósofo.

Volvió a toser, se colocó ante el atril y empezó a leer, con la firme resolución de no mirar a la difunta. Al poco tiempo se dio cuenta de que el padre había salido. Giró lentamente la cabeza y...

Primero le temblaron las piernas, y luego todo el cuerpo. Ante él yacía una mujer de una belleza tan deslumbrante que parecía imposible.

Costaba creer que no estuviese viva. Su frente, pura y blanca como la nieve, parecía pensar. Sus cejas, negras como la noche, estaban suavemente delineadas sobre sus ojos cerrados. Las finas y largas pestañas le rozaban las mejillas, teñidas de lo que, de estar con vida, podría calificarse como un leve rubor. Sus labios parecían sonreír y esconder una promesa de felicidad.

El filósofo pensó que aquel rostro encerraba un misterio. Era algo que atravesaba el corazón como una flecha, algo que hería en lo más profundo del alma, que producía la misma sensación que si de repente, en una fiesta alegre, alguien entonara un canto fúnebre. A ratos creía reconocer a aquella mujer tan bella, pero, ¿dónde y cuándo la había visto?

–¡Ah! –gritó de pronto con voz ahogada–. ¡Es la bruja...!

Y, mientras volvía a temblar de pies a cabeza, siguió recitando sus oraciones.

Ya no le cabía la menor duda. Tenía ante sí a la bruja, y además era él quien la había matado, al golpearla con un leño.

Al atardecer trasladaron el cadáver a la iglesia. El filósofo se incorporó al cortejo fúnebre, y fue uno de los que llevaron a hombros el ataúd cubierto de terciopelo, con cintas negras. Delante de él, el propietario también sostenía el ataúd y conducía a su querida hija a su última morada.

La iglesia, toda de madera, se encontraba en un estado ruinoso, aunque para esta ocasión la habían engalanado con musgo y ramas verdes. El triste edificio tenía tres cúpulas y estaba en las afueras de la aldea. Hacía ya mucho tiempo que, a causa de su abandono, no se oficiaba en él, pero ahora todos los altares estaban iluminados con cirios.

El féretro fue colocado ante el altar mayor, en el centro de la nave. El propietario se arrodilló con devoción y permaneció rezando durante un tiempo. Luego besó la fría frente de su hija y abandonó el templo con toda la servidumbre, no sin antes encargar a su mayordomo que el filósofo fuera bien atendido, y que después de la cena se le acompañara de nuevo junto al féretro.

Al llegar a la casa, los criados pusieron las manos sobre la estufa, antigua costumbre que se seguía en Ucrania luego de ver a un muerto. Acto seguido pasaron a la cocina, que en aquella casa servía de estancia principal, donde se reunían todos los habitantes de la finca, perros inclusive. Era el sitio más adecuado para charlar, enterarse de alguna novedad, fumar una pipa y descansar un rato. De ahí que los criados, en particular los solteros, pasasen en la cocina todo el tiempo que les dejaban, echados sobre los bancos, tendidos bajo ellos o en cualquier otro sitio donde pudiesen dormir a pierna suelta sin que nadie los molestara.

Pero cuando la cocina estaba más concurrida era a la hora de la cena. Entonces, además de los habituales, aparecían aquellos que, como los pastores y los cocheros, no habían podido acudir durante el día. En esas reuniones, incluso los más serios y taciturnos se mostraban locuaces y comunicativos. Se hablaba sobre lo más trivial de la vida: el abrigo que uno había comprado, el gorro que otro había perdido, y chismes similares. Pero también alguna vez se trataban temas más serios, como, por ejemplo, cómo son las profundidades de la tierra, o el último lobo que alguien había visto. Todas las conversaciones se animaban con bromas y esos juegos de palabras a los que la lengua de Ucrania se presta de un modo tan admirable.

Thomas Brutus se sentó con los demás alrededor de la mesa que, por ser verano, habían situado al aire libre, junto a la puerta de la cocina. Tenía tal apetito que por un momento se olvidó de todo lo referente al entierro, incluso de la obligación que tenía de pasar en la iglesia tres noches seguidas.

Al rato llegó una mujer con la cabeza cubierta con un pañuelo rojo y una enorme cazuela, que puso en medio de la mesa. De inmediato, por turno, cada uno sacó del bolsillo una cuchara de madera o unos palillos, y se sirvió lo que se le antojaba. Una vez satisfecha el hambre se inició la conversación, que aquella noche fue, como correspondía, sobre la difunta hija del amo.

–¿Es cierto, aunque yo no pueda entenderlo, que la señorita se relacionaba con el mismísimo diablo en persona? –preguntó un pastor, que llevaba una camisa tan adornada con botones y filigranas que parecía un tenderete de chucherías.

–¿Hablas de la hija del amo? –preguntó el cosaco llamado Dorosch–. Pues sí, era una bruja de carne y hueso, puedo jurarlo.

–Vamos, hombre, no digas tonterías –intervino otro cosaco, que tenía por costumbre moderar los puntos de vista de los demás–. Además, eso no es asunto nuestro, y no debemos meternos en lo que no nos importa.

Pero Dorosch tenía ganas de hablar y no quiso darse por vencido, sobre todo porque había visitado la bodega, acompañando a la persona que tenía las llaves, y había probado el contenido de varias cubas.

–¿Cómo van a ser tonterías si yo mismo le serví de cabalgadura en muchas ocasiones? –preguntó–. ¡Os juro que es cierto!

–Dime –insistió el pastor, que estaba muy interesado en el tema–, ¿hay alguna señal que permita saber si una persona es una bruja?

–Ninguna –contestó Dorosch–. Ni siquiera los más devotos saben diferenciarlas de las demás mujeres.

–Estás equivocado, compañero –dijo el que siempre quería calmar los ánimos–. Dios les ha dado una peculiaridad, que los estudiosos conocen bien: las brujas tienen un pequeño rabo.

–Para mí, todas las mujeres viejas son brujas –sentenció un cosaco que tampoco era joven precisamente.

–¡Y para mí tú eres un idiota! –gritó la anciana que en aquel momento ponía otra cazuela sobre la mesa.

Al comprobar que había tocado el punto flaco de la anciana, el viejo cosaco llamado Yavtuj sonrió, satisfecho. Por su parte, el pastor celebró la broma con una carcajada tan estruendosa como el mugido de una vaca.

Thomas Brutus se interesó por la conversación.

–Me gustaría saber cómo pueden estar seguros de que la señorita era una bruja –preguntó al cosaco que estaba sentado a su lado–. ¿Alguna vez hizo daño a alguien o lo mató?

–De todo hubo en su vida –le contestó un hombre que tenía la cara aplastada como una pala–. Nadie ha olvidado lo que le ocurrió al pobre Mikita, el montero mayor.

–¿Qué le ocurrió? –preguntó el filósofo.

–Espera, ¡yo te lo contaré! –exclamó Dorosch.

–No, no, se lo contaré yo –intervino uno, que se llamaba Spirid.

–¡Bien, bien, que sea Spirid el encargado de contarlo! –accedieron todos.

–Tú, señor filósofo –comenzó Spirid–, no has conocido a nuestro Mikita. ¡Ah, qué hombre era! Era el encargado de cuidar los perros de caza. En eso era un maestro. Conocía a sus perros mejor que a su mismo padre. Comparado con él, Mikola, el hombre que está ahí sentado y que después ocupó su puesto, no vale nada. Sí, puede que tenga alguna cualidad a su modo, pero a Mikita no le llega ni a la suela de sus zapatos.

–Empiezas bien, Spirid –interrumpió Dorosch, asintiendo con la cabeza.

–Mikita –continuó Spirid– descubría las liebres en menos tiempo que el necesario para encender una pipa. «¡Eh, Valiente!», le gritaba a uno de sus perros, o «¡Por ahí, Veloz!», y montando a su caballo las alcanzaba en un instante, casi antes que la jauría.

–¡Y qué buen bebedor era! Vaciaba una cubeta de un solo trago.

–Pero un día empezó a mirar a la señorita de una manera especial. No se sabe si él fue quien de forma natural se enamoró de ella, o si ella lo embrujó valiéndose de sus artes diabólicas. Lo cierto es que, de pronto, Mikita pasó a vivir solo para la señorita y a pensar solo en ella. Estaba tan loco que daba pena.

–¿Y qué pasó? –preguntó Dorosch, impaciente.

–Espera, hombre, que ya voy –continuó Spirid–. Siempre que la señorita le miraba, parecía un verdadero pelele. Las riendas se le caían de las manos, confundía los nombres de los perros y ya ni podía montar bien a caballo. Un día en que estaba arrodillado en la cuadra, limando los cascos de una yegua, la señorita se le acercó y le dijo:

»–Mikita, me gustaría poner mi pie sobre ti.

»–No solo un pie, señorita –le respondió el muy tonto–. Puede sentarse sobre mí, si quiere.

»Entonces ella le enseñó sus pies pequeños, blancos y bien torneados, y él se sintió embriagado. Bajó la cabeza, el muy idiota, agarró las piernas desnudas de la joven con ambas manos, se irguió y de inmediato se convirtió en caballo. No pudo hacer nada para evitarlo. Salió corriendo al campo y tardó bastante en regresar. Nadie sabe dónde estuvieron ni qué hicieron, y ni el mismo Mikita pudo explicarlo. Lo único que se sabe es que volvió cansadísimo y más muerto que vivo.

»Desde entonces empezó a adelgazar y se quedó seco como una espátula. Un día varios de nuestros compañeros fueron a buscarlo al establo, y no lo encontraron. En lugar del desgraciado Mikita solo había un montón de cenizas y un cubo de agua vacío. En eso se convirtió el pobre... ¡Y qué buen montero era!

En cuanto Spirid terminó la historia, todos se pusieron a alabar los méritos del difunto Mikita.

–¿Y tampoco has oído contar la historia de Chepchija? –le preguntó Dorosch a Thomas Brutus.

–No, nunca.

–Ya veo que en el seminario no os enseñan gran cosa. Bueno, yo te la contaré. En nuestra aldea vive un cosaco llamado Cheptun. Es un buen cosaco, aunque tiene la mala costumbre de robar y mentir sin razón alguna. Su casa está muy cerca de aquí. Bien, pues una vez nuestro cosaco se sentó a cenar con su mujer, la Chepchija,[20] como la llamaban todos. Al terminar fueron a acostarse, pero, como era verano y hacía mucho

20. Chepchija es el femenino de Cheptun.

calor, ella se quedó a dormir en el patio, y él se tumbó en un banco, dentro de la casa... No, no. Fue al revés. Ella permaneció en la casa y él en el patio.

–Tampoco fue exactamente así –le interrumpió la cocinera desde la puerta–. La Chepchija no se acostó en un banco, sino en el suelo.

Dijo esto y se quedó mirando a todos con aire triunfal.

–No te hará ninguna gracia –le dijo Dorosch, molesto por la interrupción– que te levante las faldas delante de toda esta gente, para darte unos buenos azotes.

Su amenaza surtió efecto, pues la cocinera no volvió a abrir la boca y Dorosch prosiguió su relato:

–En la cuna que colgaba en el centro de la habitación había un niño de un año. No sé si era un niño o una niña, pero eso es lo de menos. La Chepchija se despertó a medianoche y escuchó a un perro que arañaba la puerta y aullaba lo suficientemente alto como para asustar a cualquiera. Pero se armó de valor y pensó: «Me levantaré y le daré a ese maldito perro un golpe de pala en el hocico». Cogió una pala, abrió la puerta y ya se disponía a golpear al perro cuando este pasó entre sus piernas y de un salto alcanzó la cuna. Al darse la vuelta, la Chepchija no vio al perro, sino a la señorita. No habría sido tan horrible si la señorita hubiera conservado su forma natural, tal como nosotros la veíamos cada día, pero en aquella ocasión su rostro era de un color azulado, casi negro, y sus ojos despedían chispas. Sacó al niño de la cuna, le hundió sus dientes de loba en la garganta y se puso a chuparle la sangre.

»La Chepchija lanzó un grito desgarrador y quiso huir para pedir auxilio, pero la puerta de la casa estaba cerrada. A la muy estúpida no se le ocurrió nada mejor que subir las escaleras y encerrarse en la buhardilla, temblando y llorando a mares. Poco después, la bruja entró en la buhardilla y empezó a darle arañazos y mordiscos. Cuando clareó el día, el marido volvió y encontró a la Chepchija totalmente desangrada. No pudo hacerse nada y murió al día siguiente. Ya ves, señor filósofo, qué cosas pasan en nuestro pueblo. Pensarás que no está bien que te contemos estas cosas de nuestros amos, pero tampoco podemos callar la verdad: una bruja es y será siempre una bruja.

Al terminar su relato, Dorosch sonrió, miró a todos con aire complaciente y limpió su pipa para volver a llenarla. La historia de la bruja les había impresionado a todos, y cada uno tenía algo que añadir. Uno aseguraba haber visto a la bruja acercándose a su casa y convirtiéndose en un haz de heno. A otros les había robado los gorros o las pipas. Otros juraron que la bruja había cortado las trenzas a algunas muchachas de la aldea, o les había chupado la sangre hasta dejarlas medio muertas.

Después de tanto hablar, alguien comentó que ya era muy tarde y todos comprendieron que había llegado la hora de acostarse. Unos se acomodaron en la cocina, otros en el granero o en el patio.

–Nosotros, señor filósofo, hemos de acompañarte hasta la iglesia.

Y los cuatro, es decir, Dorosch, Spirid, el cosaco interesado en las brujas y el seminarista, salieron rumbo a la iglesia, y en el camino tuvieron que defenderse de los perros que rondaban las calles e intentaban morder a los caminantes.

Aunque se sentía ligeramente animado gracias al aguardiente ingerido, Thomas Brutus notaba que su nerviosismo aumentaba a medida que se acercaban a la iglesia. Los relatos escuchados durante la cena le habían alterado, y ahora sentía mayor temor.

Pasaron entre unos árboles y alcanzaron el pequeño recinto que rodeaba la iglesia, por cuyas ventanas se veía la luz de los cirios. Los tres cosacos subieron con Thomas los escalones de la entrada, y entraron en el edificio. Allí dejaron al filósofo, no sin antes desearle que cumpliera sus deberes con éxito y asegurarse de que las puertas quedaban atrancadas, como el propietario les había ordenado.

Cuando el filósofo se vio solo, lo primero que hizo fue bostezar. Después tosió, y antes de empezar a leer repasó el interior de la iglesia.

En el centro estaba el féretro. A su lado había unos cirios que iluminaban los iconos cercanos y dejaban el resto de la nave en la oscuridad más completa. Las paredes, ennegrecidas por el humo, mostraban con claridad el deterioro del templo. Los marcos de los iconos estaban rotos o agrietados, y carecían del brillo primitivo. También las imágenes estaban desfiguradas, y parecían mirar con tristeza la ruina del lugar.

«Nada de esto puede realmente asustarme», se dijo el filósofo, intentando darse ánimos. «Desde fuera nadie puede entrar, porque las puertas están bien cerradas.

Y, si los espíritus pretenden hacerme algún daño, mis oraciones los ahuyentarán».

Al acercarse al féretro observó que en una mesita contigua alguien había colocado dos paquetes de cirios.

«Me vendrán muy bien», pensó. «Los encenderé todos, y así me quedaré aún más tranquilo. Lo único que siento es que en la iglesia no se pueda fumar».

Repartió los cirios encendidos por los rincones, y en particular junto a las imágenes sagradas. En unos instantes, la iglesia quedó totalmente iluminada. Sin embargo, en la parte más alta, la oscuridad, en vez de disminuir, parecía más densa, y tenía la impresión de que los santos le miraban con mayor gravedad de de sus hornacinas.

Se aproximó al ataúd y se estremeció al contemplar el rostro de la difunta. Quiso apartar la mirada, pero la peculiar fascinación que las personas sienten en los momentos de pánico le obligó a volver los ojos hacia ella. En aquel rostro de sobrenatural belleza no había ni la menor mancha ni la más leve deformación, nada, en fin, que fuese propio de un cadáver. Y, aunque tenía los ojos cerrados, daba la impresión de estar observándole a través de los párpados. Por un instante el filósofo imaginó que una lágrima, retenida por las largas pestañas, refulgía en el ojo izquierdo de la joven. En efecto, era una lágrima que, poco después, al deslizarse por la mejilla, se transformó en una gota de sangre.

Aterrorizado, retrocedió unos pasos, tomó el libro de oraciones y empezó a leer en voz muy alta, gritando casi, para infundirse valor. El eco de las palabras sagradas era lo único que resonaba en aquel recinto, donde durante tanto tiempo había reinado el silencio. Su propia voz le parecía extraña y salvaje.

«¿Por qué razón debo tener miedo?», se preguntó. «Ella no puede levantarse del ataúd, porque se lo impide el temor a la palabra de Dios. Y, por otra parte, ¿no tengo yo también algo de cosaco? ¿No son los cosacos valientes por naturaleza? Sin duda, mis aprensiones se deben a que he bebido más de la cuenta».

De pronto recordó que, si bien estaba prohibido fumar en la iglesia, no lo estaba tomar rapé.[21] Extrajo la tabaquera de uno de sus bolsillos, aspiró una pizca y estornudó.

«¡Qué buen tabaco es este!», se dijo.

Siguió leyendo en voz alta, pero sin tranquilizarse del todo. A ratos miraba el féretro de reojo.

Cuando callaba, todo quedaba en silencio. No había carreras de ratas, ni cantos de grillos, ni inquietantes ruidos de carcoma. Solo se oía el continuo goteo de la cera procedente de los cirios.

«¿Y si la muerta se levantara?», pensó Thomas Brutus. Y se preguntó cómo podría protegerse.

En ese mismo instante vio, horrorizado, cómo el cadáver alzaba efectivamente la cabeza. Se restregó los ojos y se los secó con un pañuelo, pero la visión, en vez de desvanecerse, se hizo más real.

---

21. El rapé es un preparado de tabaco molido y habitualmente aromatizado, para ser consumido por vía nasal. La palabra proviene del francés *râpé*, que significa 'rallado'.

La difunta se incorporó del todo, se deslizó fuera del ataúd y empezó a caminar con los brazos abiertos, con rígida solemnidad, como si quisiese atraparlo y lo buscara pero no pudiese verlo. Poco después, sin embargo, se encaminó directamente hacia él.

Temblando de puro miedo, el filósofo trazó con los dedos un gran círculo mágico sobre el polvo del suelo y empezó a decir las oraciones que le había enseñado un monje al que conocía, que había pasado toda su vida ahuyentando a los espíritus malignos y combatiendo a las brujas.

La muerta llegó hasta el borde del círculo pero, para alivio del seminarista, no pudo traspasarlo. Por más intentos que realizaba, era inútil. Parecía tropezar contra un muro invisible.

Thomas tuvo la impresión de que, tras cada esfuerzo malogrado, el rostro de la difunta se volvía azulado y lívido, como el de alguien que ha fallecido muchos días antes. Alzó los párpados, bajo los cuales aparecieron unos ojos ciegos, que llevaban un tiempo muertos, y abrió desmesuradamente la boca, mostrando sus espantosos dientes. Finalmente, después de amenazar a Thomas con un dedo huesudo, la difunta volvió al féretro y se acostó en él.

El filósofo aún no se había calmado del todo cuando vio que el ataúd se elevaba por sí solo y, con un silbido agudo, se ponía a volar a lo largo y ancho de la iglesia, produciendo una suerte de viento huracanado. Varias veces se colocó sobre él como si quisiera aplastarlo, pero siempre se detenía al llegar al círculo protector.

Sabiéndose seguro, el filósofo continuó repitiendo sus exorcismos.

Tras dar algunas vueltas más, el ataúd regresó a su sitio ante el altar. Cayó con estrépito, como si se desplomara, y quedó inmóvil. El cadáver, que se había vuelto de un verde lívido, se incorporó, como si no pudiera descansar. Pero en aquel momento sonó el remoto canto de un gallo. La muerta volvió a acostarse, y la tapa negra del ataúd, que yacía a un lado, se cerró sobre ella.

El corazón de Thomas Brutus latía con fuerza y un sudor frío le helaba la frente. Sin embargo, el canto del gallo le había dado ánimos, y decidió continuar rezando hasta que amaneciera del todo. Cuando asomaron los primeros rayos de la aurora, las puertas de la iglesia se abrieron, y el sacerdote y el viejo Javtuj, que hacía temporalmente las funciones de sacristán, entraron a sustituirle.

Ya en la casa del propietario, el filósofo se acostó en una cama. Al principio le costó mucho conciliar el sueño, pero cuando lo consiguió, se quedó dormido hasta la hora de comer. Al despertar tenía la impresión de que todo lo que le había sucedido durante la noche anterior era una pesadilla. Para ayudarle a recobrar las fuerzas le sirvieron un vaso de aguardiente, y cuando se sentó a la mesa, tenía tal apetito que casi se comió un lechón entero.

Aunque los cosacos le preguntaron varias veces cómo había pasado la noche, no quiso contarles nada, y se contentó con responderles misteriosamente:

–Me ocurrieron toda suerte de cosas.

Thomas Brutus era uno de esos individuos que cuando tienen el estómago lleno se muestran eufóricos y optimistas. Se quedó recostado en el banco de la cocina, fumando su pipa y escupiendo al suelo, y luego se dedicó a pasear por la aldea, donde se fue dando a conocer a todo el mundo. Tanta era su euforia que de una casa tuvieron que echarlo, y en otra una muchacha le dio unas buenas bofetadas por haber intentado propasarse.

Pero, a medida que la noche se iba acercando, Thomas Brutus empezó a volverse pensativo.

Antes de la hora de cenar, la servidumbre solía reunirse en el patio trasero y se distraía con distintos juegos. Uno de ellos era el *kragli*, una especie de juego de bolos en el que, en lugar de las bolas, se arrojaban unos bastones largos. El vencedor, que era quien los lanzaba más lejos, montaba sobre los hombros del vencido, que debía llevarlo a cuestas.

Era un juego muy entretenido, sobre todo para los espectadores, y aún más cuando al gordinflón del cochero le tocaba cabalgar sobre el pastor, que era muy delgado y apenas podía sostenerlo. Otras veces era Dorosch quien se subía a los hombros del gordinflón, y lo jaleaba para que corriese más aprisa.

Los más serios contemplaban el espectáculo desde la puerta de la cocina. Fumaban sus pipas y no sonreían siquiera cuando los jóvenes se carcajeaban porque alguien caía al suelo, o porque Spirid o cualquier otro soltaba una ocurrencia.

El filósofo intentó en vano interesarse por el juego. Una idea sombría estaba incrustada como un clavo en su cerebro. Durante la cena hizo lo posible por distraerse, pero su temor crecía a medida que pasaban las horas.

–Llegó el momento –le dijo un cosaco al fin–. Dorosch y yo iremos contigo a la iglesia.

Acompañaron al filósofo, y lo encerraron como la noche anterior. De nuevo Thomas Brutus se quedó mirando las imágenes de los santos y el negro ataúd de la bruja, que se alzaba amenazador y silencioso en el centro de la iglesia.

«Como todo esto ya lo he visto antes, supongo que ya nada puede sorprenderme», pensó. «Es muy posible que, a fuerza de acostumbrarse, uno llegue a perder el miedo».

Trazó el círculo mágico con el dedo y se encerró en él, para mantenerse a salvo del poder de las tinieblas. Murmuró algunos exorcismos y se puso a leer las oraciones por los muertos en voz alta, con la firme resolución de no apartar los ojos del libro y no prestar atención a nada más.

Durante una hora entera fue lo único que hizo. Después empezó a sentirse cansado y a toser para aclararse la voz. Quiso tomar un poco de rapé, se sacó la tabaquera del bolsillo y, antes de llevarse un poco a la nariz, miró hacia el ataúd casi sin darse cuenta. Al instante, su cuerpo se estremeció y se empapó de un sudor frío.

El cadáver ya estaba de pie, ante el círculo mágico, y le miraba con sus vidriosos ojos muertos. Sin moverse, el joven filósofo volvió la vista al libro y reanudó sus rezos y exorcismos.

Escuchó el ruido que la muerta hacía al rechinar los dientes, y vio de reojo cómo unos brazos esqueléticos se agitaban en su dirección. Pero también se dio cuenta de que ella no podía verlo ni alcanzarlo. Enfurecida, se puso a gruñir, y un aluvión de palabras brotó de entre sus labios helados. Esas palabras sonaban en su boca como el crepitar del alquitrán hirviendo. Aunque no las entendía, Thomas Brutus intuyó que la bruja pronunciaba conjuros e invocaba a seres extraños.

De repente, como resultado de aquellas palabras, un gran torbellino envolvió la iglesia. Hubo un fragor, como el de una bandada de aves en movimiento. Le pareció oír miles de alas que golpeaban las ventanas, garras que arañaban las paredes y multitud de seres desconocidos que se apoyaban en la puerta y la hacían girar sobre sus goznes. El corazón de Thomas Brutus latió con fuerza, pero siguió recitando sus exorcismos con los ojos cerrados. De pronto se escuchó un grito agudo en la lejanía. Era el canto del gallo. En un instante, el fragor se detuvo. Agotado por las emociones, el filósofo calló y suspiró.

A la mañana siguiente, los cosacos que fueron a recogerle lo encontraron medio muerto, recostado contra una pared y con la mirada extraviada. Lo levantaron y lo sacaron a rastras de la iglesia.

Al llegar a la finca se rehizo un poco. Tomó un vaso de aguardiente, se mesó los cabellos y dijo:

–Hay toda clase de horrores en el mundo. Suceden cosas que...

Hizo un gesto, que parecía indicar que más valía callarse, y todos se quedaron con la boca abierta, esperando que dijese algo más.

Pasó entonces una mujer joven, vestida con ropas ceñidas, que llevaba en el corpiño toda suerte de adornos, prendidos con alfileres: cintas, flores y papeles de colores. Era la ayudante de la cocinera.

–Buenos días, Thomas –saludó al filósofo con una sonrisa, que al momento se desvaneció–. ¡Ay, ay! Pero, ¿qué te ha ocurrido? Tienes los cabellos completamente blancos.

–¡Pues es verdad! –exclamó Spirid, mirándole con atención–. ¿Cómo es posible que no nos hayamos dado cuenta antes? Si tienes la cabeza como el viejo Javtuj...

Al escuchar estos comentarios, Thomas Brutus corrió a la cocina, donde había un fragmento de espejo triangular, manchado por las moscas y adornado con flores marchitas. Era el que usaba la ayudante de la cocinera.

El filósofo se miró en aquel espejo y comprobó que buena parte de sus cabellos se habían vuelto blancos.

Abrumado, dejó caer la cabeza y se dijo: «¡Hasta aquí hemos llegado! Ahora mismo voy a ver al propietario y le diré toda la verdad. Le explicaré que no puedo continuar los rezos en la iglesia y le pediré que me envíe a Kiev ahora mismo».

Y, sin pensarlo más, fue a hablar con el propietario.

Lo encontró como la vez anterior, sentado y abatido ante la mesa. Su rostro conservaba la misma expresión de tristeza desesperada, pero sus mejillas estaban más hundidas. Era fácil darse cuenta de que apenas comía, si es que comía algo. Tenía la palidez de una estatua.

–Buenos días, señor filósofo –saludó a Thomas, al verle en la puerta, con el gorro en la mano–. ¿Cómo van tus tareas? Supongo que las cumples al pie de la letra, ¿no?

–No sé cómo decirlo, excelencia, pero he visto tantas cosas diabólicas en esa iglesia que poco me ha faltado para agarrar el gorro y salir corriendo.

–¿Cómo es eso?

–Es la pura verdad, señor. La hija de su excelencia era una... Cierto que pertenecía a un noble linaje, nadie puede negarlo. Pero...

–¡Acaba de una vez! ¿Qué quieres decirme?

–Pues que, por lo visto, estaba en tratos con el mismo diablo... Eso es lo que cuenta la gente, y yo lo creo.

–¿Lo ves? Ahí tienes otro motivo para seguir leyendo en la iglesia. Ahora entiendo mejor por qué mi querida palomita estaba tan preocupada por la salvación de su alma.

–Su excelencia podrá verlo como quiera, pero esto es superior a mis fuerzas. Ya no aguanto más.

–Escucha, filósofo –replicó el propietario–. Tú seguirás con la lectura, tal como te he ordenado. Piensa en que ya solo te queda una noche, y en que al leer y rezar los textos sagrados estás cumpliendo con tu deber de buen cristiano. Además, recuerda que serás recompensado con creces.

–Aunque me prometiera montañas de oro –contestó el seminarista con firmeza–, me negaría a seguir pisando esa iglesia.

–No estoy dispuesto a que me hablen así –dijo el propietario, amenazante–. En el seminario quizá te consientan esas faltas de respeto, pero aquí no. ¿Has probado el sabor del *kantchouki*?[22]

–Lo he probado, señor, y sé que en grandes dosis es poco agradable.

–Lo que no sabes es que mis sirvientes manejan ese látigo mucho mejor que los maestros del seminario –concluyó el propietario, al tiempo que se levantaba y su rostro adquiría una expresión feroz–. Después de darle a alguien una buena tunda, vierten aguardiente en las heridas, y si el azotado aún lo soporta, vuelven a la carga, hasta que se arrepiente de haber nacido. Así que ve con Dios y acaba la tarea que has empezado. Si no me obedeces, te aseguro que no volverás a levantarte. Pero, si lo haces, te daré mil monedas de oro.

«Está visto que este hombre no admite bromas», pensó el filósofo al salir. «Pero yo soy tan listo como él. Seguro que mis piernas corren más que sus perros».

Thomas Brutus estaba decidido a huir. Para llevar a cabo sus planes escogió el momento de la siesta, cuando los criados y los trabajadores estaban en la casa señorial o en los pajares, durmiendo a pierna suelta y haciendo tanto ruido al roncar como máquinas en funcionamiento.

Llegó la hora esperada. El propio Javtuj se tumbó al sol, cerró los ojos y se puso a roncar con tanto entusiasmo como los demás. Sin hacer ruido, el filósofo

---

22. Ver nota 17.

se deslizó hasta el jardín, desde donde esperaba escapar al campo sin ser visto.

El jardín había sido abandonado a las malas hierbas. Salvo por un pequeño sendero, todo estaba cubierto de cerezos que se habían vuelto salvajes, de saúcos y de cardos de las estepas, que levantaban por encima de las otras hierbas sus altos tallos, terminados en flores rosadas. La hiedra cubría la maleza como una red. Tras una cerca, que servía de límite al jardín, se elevaba un alto brezal donde seguramente nadie había penetrado nunca. Cualquier hoz que hubiese intentado cortar sus tallos robustos y leñosos se habría hecho añicos.

Cuando Thomas Brutus pasó al otro lado de la cerca, sintió que los dientes le castañeteaban y el corazón le latía con fuerza. Los faldones de su caftán parecían adherirse a las plantas, como si los pincharan con alfileres, y creyó oír una voz aguda que le gritaba:

–¡Eh, tú! ¿Dónde vas?

Se adentró en el brezal y se puso a correr, tropezando con las viejas raíces y asustando a los topos.

Más allá se extendía un campo abierto, tras el cual se avistaba una densa maleza. Según sus cálculos, aquella maleza era el último obstáculo que le separaba del camino de Kiev. Con esa idea atravesó el campo abierto y se internó en ella. Demasiado tarde, se dio cuenta de que estaba llena de espinos, y cuando, al cabo de un rato que le pareció interminable, salió de la maleza, tenía toda la ropa hecha trizas.

Llegó entonces a un pequeño barranco por el que se deslizaba un arroyo de aguas transparentes, en cuyas orillas se bañaba un sauce. Agotado, Thomas Brutus se arrodilló y bebió largamente.

«¡Qué agua tan buena! ¡Cómo me gustaría descansar aquí!», pensó.

Pero al momento se dijo que era mejor continuar corriendo, por si le seguían.

Ya se disponía a hacerlo cuando, a pocos pasos, vio al impasible Javtuj, que le observaba con una amplia sonrisa.

«Vaya con este hombre. Siempre he de tropezarme con él», pensó Thomas. «¡Ojalá pudiese arrearle unos golpes y tirarlo al agua!»

Pero no se atrevía.

–¿Por qué has dado un rodeo tan largo, señor filósofo? –le preguntó Javtuj con sorna–. Te habría resultado más rentable venir por el mismo camino que yo, que lleva directamente al establo. Además, no te habrías estropeado la ropa. Mira qué lástima de pantalones. ¡Una tela tan buena! ¿Cuánto pagaste por ellos? –Y, sin esperar respuesta, continuó–: Bueno, ya probaste tu suerte. Es hora de volver a casa.

Thomas Brutus se rascó la cabeza y fue tras él, consternado.

«Ahora la maldita bruja querrá vengarse de mí», pensó. «Pero, ¿no quedamos en que también yo tengo algo de cosaco? Si he pasado allí dos noches, también podré pasar otra. Eso sí, necesitaré que Dios me ayude, porque esa maldita bruja ha puesto a todas las fuerzas diabólicas de su parte».

Envalentonado por estas meditaciones, siguió a Javtuj hasta el patio. Allí encontró a Dorosch, que a veces, gracias a sus relaciones con el mayordomo, tenía acceso a la bodega señorial. El filósofo le pidió una botella grande de aguardiente, y Dorosch no le ofreció una, sino dos.

Poco después, a la sombra de un almiar, se emborracharon como buenos cosacos. Los efectos no se hicieron esperar. Al cabo de un rato, Thomas Brutus se levantó y empezó a gritar:

–¡Eh, que vengan los músicos! ¡Quiero que traigan a los músicos!

Sin esperar a que llegasen, se puso a saltar y a bailar el *tropak* en medio del patio. Y continuó bailando hasta la hora del almuerzo, cuando los sirvientes acudieron a la cocina. Al principio hicieron un círculo en torno a él, pero luego se cansaron de sus piruetas y se fueron, diciéndose unos a otros:

–¡He aquí a un hombre que baila demasiado!

De pronto se desplomó y se quedó dormido allí mismo hasta la hora de la cena, momento en que lo despertaron arrojándole a la cabeza un cubo de agua fría.

Durante la cena no dejó de hablar. Explicó a sus oyentes cómo debía comportarse un cosaco, y les repitió cien veces que un buen cosaco no temía a nada ni a nadie.

–Bueno, bueno –le interrumpió Javtuj–, ya basta de teorías. Levantémonos de la mesa, señor filósofo, que llegó el momento de volver a la iglesia.

«¡Ojalá reventaras de una vez, maldito viejo!», pensó el seminarista, y se levantó para seguirle.

–Está bien, vamos –dijo.

Salió del patio con Javtuj y Dorosch. Estaba muy inquieto, y durante el camino hizo varios intentos por entablar conversación. Pero no le contestaban o lo hacían con un simple sí o un no.

La noche era muy oscura. A lo lejos se oía el aullido de los lobos, y el ladrido de los perros parecía más lúgubre que nunca.

–No creo que esos aullidos sean de lobo –aventuró Dorosch–. Suenan de manera distinta.

Javtuj se mantuvo callado, y el seminarista no supo qué contestar. Pronto llegaron a la iglesia y pasaron bajo los viejos arcos de madera, cuyo deterioro mostraba bien a las claras la escasa atención que el propietario dedicaba a la salud de su propia alma. Como las noches anteriores, los dos cosacos revisaron las puertas y se fueron, dejando solo al filósofo.

El interior de la iglesia conservaba el aspecto tenebroso de las veces anteriores. Thomas Brutus se detuvo ante el ataúd de la horrible bruja.

–Juro por Dios que esta vez no conseguirás asustarme –le advirtió en voz alta.

Trazó en el polvo el círculo mágico y empezó a recitar los exorcismos. Había un silencio sepulcral. La llama de las velas temblaba e inundaba la iglesia con una luz amarilla. Thomas Brutus pasó una página, luego otra, y de pronto advirtió que estaba leyendo algo que no figuraba en el libro. Hizo el signo de la cruz y se puso a cantar sus plegarias. Eso le tranquilizó un poco.

La lectura se hizo más ágil y las páginas se sucedían con fluidez cuando un estallido espantoso recorrió la iglesia de un extremo a otro. La tapa del féretro saltó por los aires, y el cadáver de la bruja se irguió en el acto.

Su aspecto era todavía más espantoso que antes. Los dientes le castañeaban y de sus labios convulsos brotaban invocaciones horribles, que eran interrumpidas por gritos breves y estridentes. En el interior de la iglesia empezó a levantarse un torbellino, que derribó las imágenes de los santos de sus hornacinas, abatió los cristales de las ventanas y derribó la puerta.

Cientos de monstruos diabólicos irrumpieron en el sagrado recinto. Un ruido confuso de alas y de cuerpos que entrechocaban llenó la iglesia. Esa turba se arrastraba, volaba y buscaba al filósofo por todas partes.

Los últimos vestigios de la embriaguez desaparecieron del cerebro de Thomas Brutus. Mientras se santiguaba una y otra vez y balbuceaba las oraciones, era consciente de cómo aquellos monstruos infernales se agitaban en torno a él, rozándole casi con sus alas, sus garras y sus odiosos rabos.

Aunque no tenía el valor de mirarlos directamente, llegó a entrever un monstruo enorme, que llenaba por completo la pared de enfrente. Estaba cubierto por una pelambrera larga, de aspecto duro como el alambre, y le miraba a su vez con una expresión taimada, como si tramase una venganza. Sobre el monstruo flotaba una especie de globo cubierto de apéndices con forma de pinzas de cangrejo o colas de escorpiones, de los cuales colgaban pedazos de tierra negra.

Todos estaban buscando al filósofo, pero el círculo mágico impedía que pudieran verlo y tocarlo.

–¡Que llamen a Viy! ¡Mandad llamar a Viy! –gritó la bruja muerta, enfurecida.

Un silencio profundo inundó la iglesia. Se oyó el lejano aullido de los lobos, y poco después unos pasos pesados resonaron sobre las losas.

Mirando de reojo, el filósofo vio acercarse a un ser muy bajo y robusto, ventrudo y de patas torcidas. Salvo sus pies y sus manos, que parecían raíces nudosas, también estaba cubierto de tierra negra.[23] Caminaba con dificultad, tambaleándose a cada paso. Las largas pestañas de sus párpados cerrados rozaban el suelo. Aterrado, Thomas observó que su cara era de hierro.

Los monstruos llevaron del brazo a Viy hasta el emplazamiento del círculo mágico.

–Levantadme los párpados, que así no veo nada –dijo el rey de los gnomos con una voz subterránea.

Y toda la tropa se apresuró a obedecerle.

El filósofo escuchó entonces una voz interior que le repetía sin cesar: «¡No lo mires! ¡No lo mires!».

Pero no pudo contenerse y lo miró.

–¡Ya lo veo, ya lo veo! ¡Está aquí! –rugió Viy con voz de trueno, mientras lo señalaba con un dedo de hierro.

---

23. En Ucrania se creía que las personas malvadas se convertían inevitablemente, al morir, en criaturas del diablo. Cada noche tenían que salir de sus tumbas para atormentar a los vivos. De ahí la tierra negra.

Todos los monstruos se precipitaron sobre Thomas Brutus al mismo tiempo.

Enloquecido, aterrorizado, el infortunado filósofo murió antes de caer al suelo.

Entonces se escuchó en la iglesia el canto del gallo. Era el segundo canto, porque nadie había oído el primero. Los monstruos y otros espíritus malignos se precipitaron hacia el exterior para huir lo más rápidamente posible, pero era demasiado tarde y quedaron paralizados junto a las ventanas y las puertas por las que pretendían huir.

Poco después llegó un sacerdote para sustituir a Thomas. El horrible espectáculo lo dejó aterrado. No quiso oficiar en el sagrado recinto, que había sido profanado por los espíritus infernales, y se marchó enseguida.

La misteriosa iglesia quedó así, con los monstruos dentro, sin que nadie se atreviera a acercarse. Con el tiempo, los árboles, los arbustos y las altas hierbas la cubrieron con tal profusión de hojas y raíces que nadie volvió a encontrar el camino que conducía a ella.

Cuando el rumor de este suceso llegó por fin a la ciudad de Kiev y el teólogo Khaliava conoció la suerte que había sufrido el filósofo Thomas Brutus, permaneció durante una hora sumido en profunda reflexión.

Últimamente había experimentado grandes cambios. Había terminado sus estudios y se había convertido en sacristán de la iglesia que lucía el campanario más alto de los alrededores. La escalera del campanario era de madera muy vieja y estaba muy estropeada, razón por la que nadie se sorprendía al verlo lleno de chichones y con la nariz ensangrentada, contando que se había caído.

Cierto día se encontró en la calle con Tiberius Gorobetz, que por entonces ya se había convertido en filósofo y llevaba un largo bigote.

–¿Te enteraste de lo que le sucedió a nuestro compañero Thomas Brutus? –preguntó Gorobetz.

–Fue Dios quien lo quiso –replicó Khaliava, y tras un instante añadió–: Vayamos a la taberna y bebamos un trago en su memoria.

El nuevo filósofo aceptó enseguida. Estaba muy satisfecho de sus privilegios, y su caftán, su pantalón y hasta su gorro despedían ya un fuerte olor a tabaco y aguardiente.

–¡Qué buen compañero era Thomas! –exclamó el sacristán, cuando el tabernero le puso delante el tercer vaso–. ¡Qué gran tipo! Su muerte fue muy tonta.

–Yo sé por qué murió –dijo Tiberius–. Fue ni más ni menos porque tuvo miedo. Si se hubiera mostrado menos asustado, la bruja no habría podido hacer nada contra él. A nuestro amigo le habría bastado con rezar y escupirle en el rabo. Lo sé por experiencia. Y es que aquí, en Kiev, todas las mujeres del mercado son brujas.

El sacristán asintió con un leve movimiento de cabeza. Después, al notar que la lengua ya no le obedecía, se levantó pesadamente y se marchó dando traspiés, deseoso de ir a tumbarse y dormir entre los matorrales. Pero antes, según tenía por costumbre, se introdujo en el bolsillo un trozo de suela vieja, que había encontrado en un banco de la taberna.

3
GUY DE MAUPASSANT

Guy de Maupassant (1850-1893) nació en el castillo de Miromesnil, cerca de Dieppe, en Francia. Creció muy apegado a su madre, que se había separado del padre. Fue al liceo en Rouen, donde conoció al gran escritor Gustave Flaubert (1821-1880), de quien más tarde sería discípulo. Se mudó a París para estudiar leyes, pero el estallido de la guerra franco-prusiana de 1870 le hizo alistarse. Tras la derrota, trabajó como funcionario en varios ministerios. Luego, por las tardes, se dedicaba a escribir.

En 1875 publicó su primer cuento, *La mano disecada.* Siguieron otros, hasta un total de trescientos, y seis novelas. Sus temas favoritos son los campesinos normandos, los pequeños burgueses, los funcionarios mediocres, las relaciones amorosas, la guerra franco-prusiana y el terror.

En 1880 publicó *Bola de sebo*, uno de sus mejores relatos, en un volumen, *Las veladas de Médan*, al que también contribuyeron otros escritores realistas y naturalistas, que pretendían escribir con total objetividad, como Émile Zola (1840-1902). *Bola de sebo* es la historia de una prostituta que se entrega a un oficial prusiano para salvar a los demás pasajeros de una diligencia, que sin embargo la desprecian.

Su carrera literaria duró apenas una década, de 1880 a 1890. Después, el agravamiento de sus trastornos nerviosos, acaso debidos a la sífilis, que había contraído de joven, y una demencia progresiva, quizá con un componente hereditario –su hermano había muerto loco–, lo incapacitaron.

En 1891 empezó una novela, *El Ángelus*, que ya no acabó. «Tengo miedo de mí mismo, tengo miedo del miedo, pero, ante todo, tengo miedo de la espantosa confusión de mi espíritu, de mi razón, sobre la cual pierdo el control y a la cual embarga un miedo opaco y misterioso», escribió.

En enero del año siguiente quiso suicidarse mediante un disparo de pistola, pero descubrió que su sirviente, François Tassart, había extraído las balas. Decepcionado, intentó abrirse la garganta con un abrecartas y luego, cuando se lo impidieron, con un cristal roto.

Pocos días después se le internó en París en la clínica del doctor Émile Blanche, donde murió de parálisis general en 1893, un mes antes de cumplir cuarenta y tres años. Está enterrado en el cementerio de Montparnasse.

Mención aparte reciben sus cuentos de terror, escritos con un estilo ágil y nervioso, repleto de exclamaciones y signos de interrogación. Entre los más conocidos están *¿Quién sabe?*, *La cabellera* y *El Horla*.

Maupassant escribió al menos tres versiones de *El Horla*. La primera se publicó en 1886, y toma la forma de una carta del protagonista a su médico. La segunda versión se publicó a finales de ese mismo año, y consiste en un relato en tercera persona, contado por el médico que atiende al protagonista. La tercera, de 1887, que es la que incluimos, está escrita en forma de diario y añade escenas, como la sesión de mesmerismo en París, que no figuran en las anteriores.

El desorden mental y las alucinaciones del protagonista de *El Horla* parecen reflejar los inicios de la demencia del propio Maupassant, y la frase final, «Así pues, tendré que suicidarme», parece augurar sus intentos de suicidio. Es interesante observar cómo la inquietud interior del principio del relato da paso a una serie de manifestaciones sobrenaturales que solo se le revelan a la víctima, antes de acabar emponzoñando todo el universo.

EL HORLA

8 de mayo

¡Qué día tan estupendo! He pasado toda la mañana tendido sobre la hierba delante de mi casa, bajo el enorme plátano que la cubre, la resguarda y le da sombra por completo. Adoro este lugar y me gusta vivir en él porque tengo aquí mis raíces, esas raíces profundas y delicadas que unen a un hombre con la tierra donde sus abuelos nacieron y murieron, esas raíces que lo unen a lo que se piensa y a lo que se come, tanto a las costumbres como a los alimentos, a las formas de expresión locales, a la entonación de sus habitantes, a los olores de la tierra, de las aldeas y del aire mismo.

Adoro la casa donde he crecido. Desde mis ventanas veo el Sena que se desliza a lo largo de mi jardín, junto a la carretera, casi dentro de mi casa, el Sena grande y amplio, que va de Ruan a El Havre,[1] cubierto de barcos que pasan.

---

1. Ruan, en francés Rouen, es una ciudad del noroeste de Francia, capital de la región de Alta Normandía. El Havre, en francés Le Havre, es una ciudad portuaria situada en la orilla derecha del estuario del Sena.

A la izquierda, a lo lejos, está Ruan, la vasta ciudad de tejados azules, con sus innumerables campanarios góticos, macizos o delicados, dominados por la veleta de su catedral, con sus campanas que resuenan en el aire azul de los días claros, acercándome su dulce y lejano murmullo de hierro, su canto de bronce que suena más fuerte o más débil según que la brisa despierte o se adormezca.

¡Qué mañana tan formidable!

A eso de las once, un largo convoy de navíos cruzó por delante de mi verja. Los arrastraba un remolcador del tamaño de una mosca, que jadeaba de fatiga y vomitaba un humo espeso.

Después pasaron dos goletas[2] inglesas, cuyas rojas banderas flameaban sobre el cielo, y un soberbio bergantín[3] brasileño, blanco y admirablemente limpio y reluciente. Saludé su paso sin motivo, solo porque me agradó verlo.

12 de mayo

Tengo algo de fiebre desde hace unos días. Me noto enfermo o más bien triste.

---

2. Una goleta es un velero de dos o más mástiles, con el aparejo formado por velas dispuestas en el palo siguiendo la línea de crujía, de proa a popa, en vez de montadas en vergas transversales.
3. Un bergantín es un barco, generalmente de dos mástiles, con todo el aparejo formado por velas cuadradas, es decir, velas dispuestas en los mástiles colgando de velas transversales.

¿De dónde vienen esas influencias misteriosas que convierten nuestra felicidad y nuestra confianza en angustia? Se diría que el aire, el aire invisible, está lleno de poderes desconocidos, que nos hacen sentir su proximidad misteriosa. ¿Por qué me despierto alegre, con ganas de cantar, y luego, de repente, después de dar un corto paseo, vuelvo desolado, como si una desgracia me esperase en mi casa? ¿Es una ráfaga de viento frío, que al rozar mi piel ha alterado mis nervios y ensombrecido mi alma? ¿Es la forma de las nubes o el color del día o de las cosas, tan variable, lo que me ha perturbado el pensamiento al pasar por mis ojos? ¿Quién sabe? Todo lo que nos rodea, lo que vemos aun sin mirarlo, lo que rozamos inconscientemente, lo que tocamos aunque no lo palpemos y lo que encontramos aunque no lo busquemos tiene efectos rápidos, sorprendentes e inexplicables sobre nosotros, sobre nuestros órganos y, por consiguiente, sobre nuestros pensamientos y hasta sobre nuestro corazón.

¡Qué profundo es el misterio de lo Invisible! Nuestros pobres sentidos no pueden explorarlo.

A nuestros ojos, por ejemplo, se les escapa casi todo. No saben percibir lo muy grande ni lo muy pequeño, y tampoco lo muy próximo o lo muy lejano, y menos aún, a simple vista al menos, los habitantes de una estrella o los de una gota de agua.

Nuestros oídos también nos engañan, porque nos transmiten las vibraciones del aire en forma de notas sonoras. Son como hadas, que hacen el milagro de convertir el movimiento en ruido y mediante esa metamorfosis hacen surgir la música, que trasforma en canto la muda agitación de la naturaleza. En cuanto a nuestro olfato, es más débil que el del perro, y nuestro sentido del gusto apenas puede distinguir la edad de un vino.

¡Ah, cuántas cosas descubriríamos a nuestro alrededor si tuviéramos otros órganos más sutiles, capaces de realizar otros milagros para nosotros!

16 de mayo

No hay duda, estoy enfermo. ¡Y pensar que el mes pasado me encontraba perfectamente! Tengo fiebre, una fiebre atroz, o, mejor dicho, una ansiedad febril, que abate por igual mi alma y mi cuerpo. De pronto me acomete la sensación de un peligro amenazante, la aprensión de una desgracia próxima o de la muerte que se avecina. Intuyo que debe ser el comienzo de una enfermedad desconocida, que invade todo mi organismo.

18 de mayo

Acabo de consultar al médico, porque ya no podía dormir. Me ha encontrado el pulso acelerado, las pupilas dilatadas y los nervios sobreexcitados, pero ningún síntoma alarmante. Debo someterme a las duchas y tomar bromuro de potasio.[4]

4. El bromuro de potasio es una sal de color blanco, soluble en agua y etanol, que se utilizaba en el siglo XIX como anticonvulsivo.

¡Ninguna mejoría! Mi estado es muy extraño. A medida que se aproxima la noche, una inquietud inexplicable me invade, como si una terrible amenaza se cerniese sobre mí. Ceno con prisas e intento distraerme con un libro, pero no entiendo las palabras y apenas distingo las letras. Camino entonces de un extremo a otro de la sala, impulsado por un temor confuso. Temo dormir y temo acostarme.

Hacia las diez subo a mi alcoba. En cuanto entro, doy dos vueltas de llave y corro los cerrojos. ¿De qué tengo miedo? Hasta ahora nunca sentía temor por nada... Abro los armarios, miro bajo la cama. Escucho..., ¿qué? ¿Acaso puede sorprender que una simple dolencia, tal vez un trastorno de la circulación, la irritación de un nervio, una ligera congestión, una perturbación minúscula en el funcionamiento tan imperfecto como delicado de nuestra máquina viviente pueda convertir en melancólico al más alegre de los hombres y en cobarde al más valiente?

Luego me acuesto y espero el sueño como quien espera al verdugo. Lo espero con espanto. Mi corazón late intensamente y mis piernas tiemblan. Mi cuerpo entero se estremece en el calor de las sábanas, hasta el momento en que caigo con brusquedad en el sueño, como si me ahogara en un pozo. Ya no siento, como en otro tiempo, la proximidad de ese sueño malvado, que me acecha, se apodera de mi cabeza, cierra mis ojos y me aniquila.

Duermo durante dos o tres horas, y luego no es un sueño, sino una pesadilla, lo que me sobrecoge. Sé perfectamente que estoy acostado y que duermo. Lo siento y lo sé. Y siento también que alguien se aproxima, me mira, me toca, sube a la cama, se arrodilla sobre mi pecho, toma mi cuello entre sus manos y aprieta y aprieta con todas sus fuerzas, para estrangularme.

Intento defenderme, víctima de esa impotencia atroz que nos paraliza en los sueños. Quiero gritar y no puedo. Procuro moverme y no puedo. Con angustiosos esfuerzos, entre jadeos, trato de liberarme, de rechazar a ese ser que me aplasta y me ahoga, ¡pero no puedo!

Y, de pronto, me despierto enloquecido y sudoroso. Enciendo una vela. Estoy solo.

Después de esa crisis, que se repite cada noche, duermo tranquilamente hasta el amanecer.

2 de junio

Mi estado ha empeorado. ¿Qué me ocurre? El bromuro y las duchas no me producen efecto alguno. Para fatigar mi cuerpo, tan abatido, hice algunas caminatas por el bosque de Roumare.[5] Al principio sentí como si el aire suave, ligero y fresco, lleno de aromas de hierbas y hojas, infundiese una sangre nueva en mis venas y nuevas energías en mi corazón. Seguí un largo

5. El bosque de Roumare se encuentra al oeste de Rouen, en un vasto meandro del río Sena. Cuenta con numerosos senderos.

camino de cazadores y fui después hacia La Bouille[6] por una estrecha alameda, entre dos filas de árboles desmesuradamente altos que formaban un techo verde y frondoso, casi negro, entre el cielo y yo.

De pronto sentí un estremecimiento, no de frío, sino de angustia. Apresuré el paso, inquieto por encontrarme solo en el bosque, atemorizado por el profundo silencio. Me pareció que me seguían, que alguien marchaba detrás de mí, cerca, muy cerca, casi pisándome los talones.

Miré hacia atrás con brusquedad. Me hallaba solo. Detrás de mí se extendía el camino recto y solitario, horriblemente vacío, el mismo que se abría también delante de mí hasta perderse de vista, solitario y terrible.

Cerré los ojos, sin saber por qué, y me puse a girar sobre un pie a gran velocidad, como un trompo. Estuve a punto de caer. De nuevo abrí los ojos. Los árboles bailaban, la tierra flotaba. Tuve que sentarme. Luego ya no sabía por dónde había llegado hasta allí. ¡Qué extraño! No recordaba nada. Tomé hacia la derecha, y volví a la avenida que me había llevado al centro del bosque.

3 de junio

He pasado una noche horrible. Voy a ausentarme durante unas semanas. Sin duda, un viaje breve me ayudará a reponerme.

---

6. Pequeña población junto al Sena.

2 de julio

He vuelto. Estoy curado. El viaje ha sido delicioso. Visité el monte Saint-Michel,[7] que no conocía.

¡Qué hermosa visión se tiene al llegar a Avranches,[8] como me pasó a mí al caer la tarde! La ciudad se asienta sobre una colina. Cuando me acompañaron al jardín público, situado en un extremo de la población, no pude evitar un grito de asombro. Una bahía desmesurada se extendía ante mí y se perdía a lo lejos, entre dos costas que se separaban entre la bruma, y en el centro de esa inmensa bahía amarilla, bajo un cielo de oro y de luz, un monte extraño, sombrío y puntiagudo, se elevaba sobre las arenas de la playa. El sol acababa de ocultarse, y en el horizonte aún llameante se recortaba el perfil de ese fantástico acantilado que lleva en su cumbre un monumento extraordinario.

Al amanecer me dirigí hacia allí. La marea estaba baja, como la tarde anterior, y a medida que me acercaba, veía elevarse la sorprendente abadía. Tras muchas horas de marcha alcancé el enorme bloque de piedra, en cuya cima se levanta la pequeña población dominada por la gran iglesia.

---

7. Promontorio rocoso situado en una isla, en el estuario del río Couesnon, región de la Baja Normandía. Debe su nombre a una abadía benedictina, consagrada al culto del arcángel san Miguel.
8. Ciudad francesa situada en la bahía de Saint-Michel, a pocos kilómetros del monte del mismo nombre.

Después de subir por la calle estrecha y empinada, accedí a la más admirable morada gótica construida para Dios en la tierra, vasta como una ciudad, de criptas aplastadas bajo bóvedas y altas galerías sostenidas por frágiles columnas. Entré en esa gigantesca joya de granito, ligera como un encaje, cubierta de torres, de torreones esbeltos a los que conducen intrincadas escaleras, que destacan en el cielo sus extrañas cúpulas erizadas de quimeras,[9] de diablos, de bestias fantásticas y flores monstruosas, unidas entre sí por finos arcos labrados.

Cuando llegué a lo más alto, dije al monje que me acompañaba:

–¡Qué bien debe de estar aquí, padre!

–Hay mucho viento, señor –me respondió.

Y nos pusimos a conversar mientras veíamos la subida de la marea, que avanzaba sobre la playa y la cubría con una coraza de acero.

El monje me contó historias, todas las viejas historias del lugar, leyendas, muchas leyendas.

Una de ellas me impresionó mucho. Los habitantes de la roca dicen que por las noches se oyen voces en la playa y después se perciben los balidos de dos cabras, una de voz fuerte y la otra de voz débil. Los incrédulos pretenden que son los graznidos de las aves marinas, que suenan como balidos o lamentos humanos, pero los pescadores rezagados juran haber visto, merodeando por las dunas, entre dos mareas y en torno a la pequeña población alejada del mundo, a un viejo pastor

9. Animal fabuloso, hecho de partes de otros animales.

que siempre lleva la cabeza cubierta por una capa, y que conduce a un macho cabrío con rostro de hombre y a una cabra con rostro de mujer, ambos de largos cabellos blancos, que hablan sin cesar y discuten en una lengua desconocida, interrumpiéndose de pronto para balar con todas sus fuerzas.

–¿Cree usted en eso? –pregunté al monje.

–No lo sé –me respondió.

–Si en la tierra existieran –continué– otros seres diferentes de nosotros, los conoceríamos desde hace mucho. ¿Cómo es posible que ni usted ni yo los hayamos visto?

–¿Acaso vemos –me contestó– la cienmilésima parte de lo que existe? Fíjese, por ejemplo, en el viento, que es la fuerza más poderosa de la naturaleza; el viento, que derriba hombres y edificios, que arranca los árboles y transforma el mar en montañas de agua, que destruye los acantilados y que arroja a los grandes navíos contra ellos, el viento que mata, silba, gime y ruge. ¿Acaso lo ha visto alguna vez? ¿Acaso puede verlo? Sin embargo, existe.

Ante un razonamiento tan sencillo opté por callarme. Aquel hombre podía ser un sabio o un tonto. No podía afirmarlo con certeza, pero me callé. Me había dicho algo que yo mismo había pensado a menudo.

3 de julio

Dormí mal. Sin duda, aquí hay un ambiente de fiebre, pues mi cochero padece la misma enfermedad que yo. Ayer, al regresar, me fijé en su extraña palidez.

–¿Qué le pasa, Jean? –le pregunté.

–No puedo descansar, señor. El sueño no me aprovecha. Desde la partida del señor, es como si padeciera un hechizo.

El resto de la servidumbre está bien, pero yo temo que la fiebre me vuelva.

4 de julio

Decididamente, he vuelto a caer. De nuevo tengo las mismas pesadillas. Anoche sentí que alguien se inclinaba sobre mí, colocaba su boca sobre la mía y sorbía mi vida entre mis labios. Sí, la sorbía como una sanguijuela. Luego se incorporó, harto, y yo me desperté tan quebrantado, roto y destrozado que apenas podía moverme. Si esto continúa unos días, volveré a ausentarme.

5 de julio

¿He perdido la razón? Lo que pasó anoche es tan extraño que pierdo el juicio cuando pienso en ello.

Había cerrado la puerta con llave, como cada noche, y luego sentí sed. Bebí medio vaso de agua y me fijé distraídamente en que la botella que tenía al lado estaba llena.

Me acosté enseguida y caí en uno de esos espantosos sueños míos, del cual salí al cabo de unas dos horas, con una sacudida más horrible aún. Imagínense ustedes un hombre que es asesinado mientras duerme, que despierta con un cuchillo clavado en el pecho, jadeante y cubierto de sangre, que no puede respirar y que muere sin comprender qué ha sucedido.

Tras recuperar la razón, volví a sentir sed. Encendí una vela y me dirigí hacia la mesa donde había dejado la botella. La levanté y la incliné sobre el vaso, pero no cayó ni una gota. Estaba vacía, ¡completamente vacía!

Al principio no entendí nada, pero de pronto sentí una emoción tan grande que tuve que sentarme o, mejor dicho, me desplomé sobre una silla. Al momento me levanté de un salto, para mirar alrededor. Después, lleno de asombro y terror, volví a sentarme ante el cristal transparente. Lo observaba con la mirada fija, intentando imaginar qué había pasado. Mis manos temblaban.

¿Quién se había bebido el agua? Yo, sin duda. ¿Quién podía haber sido, sino yo? Entonces, yo era sonámbulo, y vivía sin saberlo esa doble vida misteriosa que nos hace dudar si en nosotros hay dos seres, o si un ser extraño, desconocido e invisible anima, mientras dormimos, nuestro cuerpo cautivo, que le obedece como a nosotros y tal vez más.

¡Ah! ¿Quién podrá entender mi abominable angustia? ¿Quién podrá comprender la emoción de un hombre de mente sana, despierto y razonable, que mira, aterrado, una botella vacía donde antes hubo un poco de agua, que desapareció sin saber cómo? Así permanecí hasta el amanecer, sin atreverme a volver a la cama.

6 de julio

Me vuelvo loco. ¡Anoche volvieron a vaciar mi botella, o quizá fui yo!

Pero, ¿es posible que sea yo y no me acuerde? ¿No será otro? ¿Quién? ¡Ah, Dios mío! ¿Quién me salvará?

10 de julio

Acabo de hacer unas observaciones sorprendentes. ¡Decididamente estoy loco! Y, sin embargo...

El 6 de julio, antes de acostarme, dejé sobre la mesa vino, leche, agua, pan y fresas. Bebieron –o me bebí– toda el agua y un poco de leche. No tocaron ni el vino ni el pan ni las fresas.

El 7 de julio repetí la prueba y obtuve los mismos resultados.

El 8 de julio suprimí el agua y la leche, y no tocaron nada.

Por último, el 9 de julio dejé sobre la mesa solo el agua y la leche, no sin antes envolver las botellas con muselina blanca y atar los tapones con un cordel. Luego me froté los labios, la barba y las manos con el polvillo de una mina de lápiz, y me acosté.

Un sueño irresistible se apoderó de mí, seguido poco después por el espantoso despertar de costumbre. No me había movido, y en las sábanas no había huellas de mis dedos. La muselina de las botellas seguía limpia e inmaculada. Desaté los cordeles y advertí con horror que se habían bebido toda el agua y toda la leche. ¡Ah, Dios mío!

Partiré inmediatamente hacia París.

12 de julio

París. No entiendo cómo pude perder la cabeza estos últimos días. Debo de haber sido juguete de mi imaginación enfebrecida, a menos que yo sea realmente un sonámbulo o que haya sufrido una de esas influencias comprobadas, pero hasta ahora inexplicables, que se llaman sugestiones. De todos modos, mi extravío se había convertido casi en demencia, y han bastado veinticuatro horas en París para recobrar la cordura.

Ayer, después de algunos paseos y visitas que me han refrescado el alma, acabé el día en el Théatre-Français. Se representaba una pieza de Alexandre Dumas hijo.[10] Este autor sutil y poderoso ha completado mi curación. Sin duda, la soledad resulta peligrosa para las mentes que trabajan demasiado. Necesitamos ver a nuestro alrededor a personas que piensen y hablen. Cuando permanecemos solos durante demasiado tiempo, llenamos el vacío con fantasmas.

Volví muy contento al hotel, caminando por los bulevares. Mientras me codeaba con la multitud, iba

---

10. Alexandre Dumas hijo (1824-1895) fue un escritor y novelista francés, que siguió los pasos de su padre, Alexandre Dumas. Su novela más famosa es *La dama de las camelias*.

pensando, no sin ironía, en mis terrores y suposiciones de la semana pasada, cuando creía que un ser invisible vivía bajo mi techo. Qué débil es nuestra razón y con qué facilidad se extravía cuando nos golpea un hecho incomprensible.

En vez de concluir con estas simples palabras: «No lo entiendo porque la causa se me escapa», enseguida nos imaginamos misterios espantosos y potencias sobrenaturales.

14 de julio

Fiesta de la República.[11] He paseado por las calles. Los cohetes y banderas me divirtieron como a un niño. Sin embargo, considero estúpido alegrarse a fecha fija por decreto del gobierno. El pueblo es un rebaño de imbéciles, tan pronto tontamente paciente como ferozmente rebelde. Se le dice: «Diviértete». Y se divierte. Se le dice: «Ve a luchar contra tu vecino». Y va a luchar. Se le dice: «Vota por el emperador». Y vota por él. Después, se le dice: «Vota por la República». Y vota por ella.

Quienes lo gobiernan son igualmente tontos, pero en lugar de obedecer a unos hombres se rigen por unos principios, que como tales solo pueden ser necios, estériles y falsos, es decir, ideas consideradas firmes e in-

11. La Fiesta de la República, fiesta nacional francesa, se celebra cada 14 de julio en memoria de la toma de la Bastilla, comienzo de la Revolución Francesa.

mutables, en un mundo donde nada es seguro, porque la luz es una ilusión, y también el sonido.

16 de julio

Ayer hice algunas observaciones que me intrigaron.

Cené en casa de mi prima la señora Sablé, casada con el comandante del regimiento 76 de cazadores, de Limoges.[12] Estaban también dos amigas de mi prima y el marido de una de ellas, el doctor Parent, especialista en enfermedades nerviosas y en esos fenómenos extraordinarios inducidos ahora por el hipnotismo y la sugestión. El doctor Parent nos habló en detalle de los prodigiosos resultados obtenidos por unos sabios ingleses y por los médicos de la Escuela de Nancy.[13]

Los hechos que expuso me parecieron tan extraños que manifesté mi incredulidad.

–Estamos a punto de descubrir uno de los mayores secretos de la naturaleza –nos dijo el doctor Parent–, es decir, uno de sus secretos más importantes aquí en la tierra, puesto que es evidente que hay otros secretos igualmente destacados en las estrellas. Desde que el

12. Capital histórica de la provincia francesa del Limosín y prefectura del distrito de Limoges. Es célebre por sus fábricas de porcelanas.

13. La Escuela de Nancy, también llamada Escuela de la sugestión, fue una de las grandes escuelas que contribuyó a la edad de oro de la hipnosis en Francia, de 1882 a 1892.

hombre piensa, desde que aprendió a expresar y a escribir sus ideas, se siente rodeado por un misterio impenetrable para sus sentidos groseros e imperfectos, e intenta compensar la insuficiencia de esos sentidos mediante el esfuerzo de su inteligencia. Cuando esa inteligencia permanecía aún en un estado primitivo, la obsesión por los fenómenos invisibles adquiría formas casi siempre terroríficas. Así se originaron las creencias populares en lo sobrenatural, las leyendas de las almas en pena, las hadas, los gnomos y los aparecidos. Me atrevería a añadir aquí la leyenda de Dios, pues la manera de presentarnos al artífice creador, sean de la religión que sean, son las invenciones más mediocres, estúpidas e inaceptables que puedan salir de la mente atemorizada de los hombres. Nada más cierto que esta frase de Voltaire:[14] «Dios hizo al hombre a su imagen y semejanza, pero el hombre procedió con él del mismo modo».

«Pero, desde hace algo más de un siglo, parece percibirse algo nuevo. Mesmer[15] y algunos otros nos señalaron un camino inesperado. Y, en efecto, sobre todo desde hace cuatro o cinco años, hemos llegado a resultados sorprendentes».

Mi prima, que es también muy incrédula, sonreía. El doctor Parent le preguntó:

–¿Quiere que la hipnotice, señora?

–Sí, me gustaría.

14. Voltaire (1694-1778) fue un escritor, historiador y filósofo francés, célebre por su estilo literario y por su ingenio.

15. Ver nota 1.

Ella se sentó en un sillón y el médico empezó a mirarla fijamente. De pronto me sentí algo turbado. Mi corazón latía con violencia y notaba una opresión en la garganta. Vi cómo los ojos de la señora Sablé se cerraban pesadamente, y su boca se crispaba. Su pecho comenzó a agitarse.

Al cabo de diez minutos dormía.

–Póngase detrás de ella –me pidió el médico.

Me senté tras ella. Él colocó en sus manos una tarjeta de visita y le dijo:

–Esto es un espejo. ¿Qué ve en él?

–Veo a mi primo –contestó ella.

–¿Qué hace?

–Se atusa el bigote.

–¿Y ahora?

–Se saca una fotografía del bolsillo.

–¿Quién está en la fotografía?

–Es él mismo.

¡Era verdad! Era una fotografía que me habían entregado esa misma tarde en el hotel, y que ella no había visto.

–¿Cómo aparece en esa foto?

–Está de pie, con el sombrero en la mano.

Así pues, podía ver en aquella tarjeta de visita, en aquella cartulina blanca, como en un espejo.

–¡Basta! ¡Basta, por favor! –decían sus amigas, alarmadas.

Pero el médico le dio una orden:

–Usted se levantará mañana a las ocho. Después irá a ver a su primo al hotel donde se hospeda, y le pedirá que le preste cinco mil francos para su esposo, que se los reclamará cuando venga.

Luego la despertó.

Mientras regresaba al hotel, pensé en aquella extraña sesión y me asaltaron dudas, no sobre la buena fe de mi prima, a quien conocía desde la infancia como a una hermana y a quien siempre tuve por intachable, sino sobre el médico y la posibilidad de que hubiera cometido alguna superchería. ¿No podía, por ejemplo, haber escondido en su mano un espejo, que habría enseñado a mi prima dormida, al mismo tiempo que la tarjeta? Los prestidigitadores profesionales hacen cosas semejantes.

En cuanto llegué, me acosté.

Pero a las ocho y media de la mañana me despertó mi criado con esta noticia:

–La señora Sablé quiere hablar de inmediato con el señor.

Me vestí de prisa y la recibí.

Se sentó muy turbada, con la mirada baja y sin quitarse el velo, y me dijo:

–Querido primo, he de pedirte un gran favor.

–¿De qué se trata, prima?

–Me cuesta mucho decírtelo, pero no tengo más remedio. Necesito con urgencia cinco mil francos.

–¿Para qué los quieres?

–Son para mi marido. Le hacen falta.

Me quedé tan asombrado que me costó reaccionar. Por un momento pensé que ella y el doctor Parent estaban realmente burlándose de mí, y que se trataba de una farsa preparada de antemano y representada a la perfección.

Pero todas mis dudas se disiparon cuando la observé con atención. Era evidente que temblaba de angustia, y apenas podía reprimir el llanto. Sin duda, aquella gestión le resultaba muy penosa.

Como sabía que era muy rica, se lo dije:

–¿Cómo es posible que tu marido no disponga de cinco mil francos? Piénsalo. ¿Estás segura de que te ha encargado que me los pidas?

Vaciló durante un momento, como si le costara recordar, y luego contestó:

–Sí, estoy segura.

–¿Te ha escrito?

Vaciló otra vez y volvió a reflexionar. Advertí el penoso esfuerzo de su mente. No sabía. Solo recordaba que debía pedirme ese préstamo para su esposo. En consecuencia, acabó por mentir.

–Sí, me escribió.

–¿Cuándo? Ayer no me dijiste nada.

–Recibí su carta esta mañana.

–¿Puedes enseñármela?

–No, no... Contenía cosas íntimas, demasiado personales. La he quemado.

–Así que tu marido tiene deudas.

Vaciló una vez más y luego murmuró:

–No lo sé.

–Lo peor, querida prima –le dije con brusquedad–, es que en este momento no dispongo de cinco mil francos.

Lanzó un grito de desesperación:

–¡Ay, ay! ¡Te lo ruego! Por favor, intenta conseguirlos.

Exaltada, juntaba las manos como si fuese un rezo. Su voz cambió de tono. Entre lágrimas, murmuraba cosas incomprensibles. Estaba molesta y le torturaba la orden irresistible que había recibido.

–¡Ay! Te lo suplico. Si supieras cómo sufro... Los necesito para hoy.

Sentí piedad por ella.

–Está bien, los tendrás. Te lo prometo.

–¡Oh! ¡Gracias, gracias! ¡Qué generoso eres!

–¿Recuerdas lo que pasó anoche en tu casa? –le pregunté.

–Sí.

–¿Te acuerdas de que el doctor Parent te hipnotizó?

–Sí.

–Pues bien, fue él quien te ordenó que vinieses esta mañana a pedirme los cinco mil francos, y ahora mismo estás bajo el influjo de su sugestión.

Calló unos instantes y luego replicó:

–Pero es mi esposo quien me los pide.

En vano intenté convencerla durante una hora. Cuando se fue, corrí a casa del doctor Parent. Iba a salir. Me escuchó con una sonrisa.

–¿Se ha convencido? –me preguntó.

–Sí, no tengo más remedio.

–Vamos a ver a la señora Sablé.

Cuando llegamos, mi prima dormitaba en un sofá, agotada por el cansancio. El médico le tomó el pulso, la observó fijamente y extendió una mano hacia sus ojos. Incapaz de resistirse al influjo del poder magnético, ella los fue cerrando.

Cuando se durmió, el médico dijo:

–¡Su marido no necesita los cinco mil francos! Así que usted debe olvidar que se los ha pedido prestados a su primo. Y, si él menciona el asunto, usted no entenderá.

En cuanto se despertó, saqué mi billetera.

–Aquí tienes, querida prima –le dije–, lo que me pediste esta mañana.

Se mostró tan asombrada que apenas insistí. Intenté refrescar su memoria, pero lo negó todo. Creía que me burlaba, y faltó poco para que se enojase.

....

Acabo de volver al hotel. La experiencia me ha impresionado tanto que no he podido almorzar.

19 de julio

Muchas personas, a las que he contado esta aventura, se han reído de mi credulidad. Ya no sé qué pensar. «Quizá», dijo el sabio.

21 de julio

Comí en Bougival[16] y pasé la tarde en el baile de los remeros. Está claro que todo depende del lugar y del medio. Creer en lo sobrenatural en la isla de la Gre-

16. Población al este de París, considerada la cuna de la pintura impresionista.

nouillère[17] sería el colmo del desatino. Pero, ¿qué pasa en la cima del monte Saint-Michel? ¿Y en la India? Estamos sometidos al influjo de lo que nos rodea. Volveré a casa la semana próxima.

30 de julio

Ayer volví a casa. Todo está bien.

2 de agosto

Sin novedad. Hace un tiempo espléndido. Paso los días viendo deslizarse el Sena.

4 de agosto

Hay problemas entre mis criados. Pretenden que, de noche, alguien rompe la cristalería que se guarda en los armarios. El criado acusa a la cocinera y esta a la lavandera, que a su vez acusa a los dos primeros. ¿Quién es el culpable? El tiempo lo dirá.

---

17. Pequeña isla del Sena que, a mediados del siglo XIX, se convirtió en un lugar popular de ocio, con sus barcas y su salón flotante de baile. Los pintores impresionistas la representaron a menudo en sus cuadros.

Esta vez no estoy loco. Lo he visto... ¡Lo he visto! Ya no tengo la menor duda... ¡Lo he visto! El miedo me corroe hasta la médula, y tengo una sensación de frío hasta en las uñas... ¡Lo he visto!

A las dos de la tarde, a pleno sol, paseaba por mi rosedal. Había llegado a la avenida de los rosales de otoño, que empiezan a florecer.

Me detuve a observar un hermoso ejemplar de *gigante de las batallas*,[18] que lucía tres flores magníficas, y entonces vi con toda claridad, cerca de mí, que el tallo de una de las flores se doblaba y rompía, como si una mano invisible se lo llevase. La flor se elevó, siguiendo la curva que habría descrito un brazo al llevársela a la boca, y permaneció suspendida en el aire transparente, sola e inmóvil, como una horrible mancha roja a tres pasos de mí.

Enloquecido, me precipité sobre ella para cogerla. No encontré nada. Había desaparecido. Sentí una cólera furiosa contra mí mismo, porque es impropio de una persona razonable y seria tener semejantes alucinaciones.

Pero, ¿se trataba realmente de una alucinación? Volví junto al matorral para buscar el tallo recién cortado y lo encontré enseguida, entre las dos flores que permanecían en la rama.

---

18. Variedad de adelfa (*Nerium oleander*) o rosa laurel, cuyas flores rojas están veteadas de blanco.

Regresé a casa con la mente alterada. Ahora estoy convencido, tan seguro como de la alternancia de los días y las noches, de que existe cerca de mí un ser invisible, que se alimenta de leche y agua, que puede tocar las cosas, tomarlas y cambiarlas de sitio, dotado, por consiguiente, de una naturaleza material, aunque imperceptible para nuestros sentidos, y que, como yo, vive bajo mi techo.

7 de agosto

Dormí con tranquilidad. Se bebió el agua de mi botella, pero no interrumpió mi sueño.

Me pregunto si estoy realmente loco. Cuando a veces doy paseos a pleno sol, a lo largo de la costa, dudo de mi razón. No son dudas inciertas, como las que tuve hasta ahora, sino dudas concretas, precisas. He visto a los locos. He conocido a algunos que seguían siendo lúcidos e inteligentes en todas las cosas de la vida, menos en un punto. Hablaban de todo con facilidad, con precisión y hasta con sensatez, pero de pronto su pensamiento chocaba contra el escollo de la locura y se hacía pedazos, volaba en fragmentos y se hundía en ese océano borrascoso y siniestro que se llama demencia.

Estaría completamente convencido de mi locura si no tuviera perfecta conciencia de mi estado, si fuera incapaz de examinarlo con toda lucidez. Pero no es así. Puede decirse que soy una especie de alucinado reflexivo. En mi mente se habría producido uno de esos trastornos que hoy intentan estudiar y conocer a fondo los fisiólogos. Ese trastorno habría provocado en mí una ruptura profunda, en lo que atañe al orden y a la lógica de mis ideas.

Fenómenos semejantes se producen en el sueño, que nos muestra las fantasmagorías más inverosímiles sin que ello nos sorprenda, porque, mientras el sentido del control duerme, la facultad imaginativa sigue activa y trabaja. ¿No es razonable suponer que alguna de las imperceptibles teclas del teclado cerebral ha dejado de funcionar en mí? Hay hombres que, a raíz de accidentes, pierden la memoria de los nombres propios, de los verbos, de las cifras o solo de las fechas. Hoy ya se conoce la localización de todas las funciones cerebrales. No puede sorprender entonces que mi capacidad para controlar la irrealidad de algunas alucinaciones haya disminuido.

Pensaba en todo ello mientras paseaba por la orilla. El sol iluminaba el río, embellecía la tierra y llenaba mi mirada de amor por la vida, por las golondrinas, cuya agilidad alegra mis ojos, y por las hierbas de la orilla, que al mecerse proporcionan un placer a mis oídos.

Poco a poco, sin embargo, me invadía un malestar inexplicable. Me parecía que una fuerza desconocida me paralizaba, impidiéndome avanzar, y me instaba a retroceder. Sentí ese doloroso deseo de volver que nos oprime cuando hemos dejado en nuestra casa a un enfermo querido y presentimos un empeoramiento de la dolencia.

Regresé, pues, a pesar de mí, convencido de que encontraría en casa una mala noticia, una carta o un telegrama. No había nada de eso, y me quedé más sorprendido e inquieto aún que si hubiese tenido otra visión fantástica.

8 de agosto

Pasé una tarde horrible. Aunque no se manifiesta, lo siento cerca de mí, observándome, penetrándome y dominándome. Es como si, al ocultarse de este modo, manifestara mediante fenómenos sobrenaturales su presencia invisible y constante.

Sin embargo, he podido dormir.

9 de agosto

No ha sucedido nada, pero tengo miedo.

10 de agosto

Nada. ¿Qué ocurrirá mañana?

11 de agosto

Nada, siempre nada. No puedo permanecer aquí con este miedo y estos pensamientos que dominan mi mente. Me voy.

12 de agosto, 10 de la noche

Durante todo el día he intentado partir, pero no he podido. He intentado realizar ese acto tan fácil y sencillo –salir, subir a mi coche para dirigirme a Rouen– y no he podido. ¿Por qué?

13 de agosto

Cuando nos atacan ciertas enfermedades, todo el organismo se resiente. Sentimos que nuestras energías nos abandonan y que nuestros músculos se relajan. Hasta nuestros huesos parecen ablandarse. Todo eso repercute en mi espíritu de manera extraña y desoladora. Carezco de fuerzas y de valor, y ni siquiera soy capaz de poner mi voluntad en marcha. No tengo iniciativa. Pero alguien actúa por mí, y yo obedezco.

14 de agosto

¡Estoy perdido! ¡Alguien se ha apoderado de mi alma y la gobierna! Alguien ordena todos mis actos, mis movimientos y mis ideas. Solo soy un espectador esclavizado, y todas mis acciones me horrorizan. Quiero salir y no puedo. Él no me lo permite y he de quedarme, desolado y tembloroso, en el sillón donde me obliga a sentarme.

Solo deseo levantarme, incorporarme para seguir sintiéndome dueño de mí mismo. ¡Pero no puedo!

Estoy clavado en mi asiento, y mi sillón también se adhiere al suelo como si ninguna fuerza pudiese levantarnos.

Luego, de pronto, siento la incontenible necesidad de bajar al huerto para coger fresas y comérmelas. Y voy. Inevitablemente, cojo las fresas y me las como. ¡Oh, Dios mío! ¡Dios mío! ¿Será acaso un Dios? Si lo es, ¡apiádate de mí y sálvame! ¡Perdón! ¡Piedad! ¡Misericordia! ¡Oh, qué sufrimiento! ¡Qué tortura! ¡Qué horror!

15 de agosto

Sin duda, así debía de sentirse mi pobre prima, cuando fue a pedirme los cinco mil francos. Obedecía a un poder extraño que se había infiltrado en ella como otra alma, como un alma parásita y dominante. ¿Empezará de este modo el fin del mundo?

Pero, ¿quién es el ser invisible que me gobierna? ¿Quién es ese desconocido, ese vagabundo de una raza sobrenatural?

Y, si los seres invisibles existen, ¿cómo es posible que aún no se hayan manifestado desde el origen del mundo de una forma precisa, como ahora se manifiestan para mí? Nunca he leído nada que se parezca a lo que sucede en mi casa. Si pudiera abandonarla, irme, huir y no regresar más, me salvaría, pero no puedo.

16 de agosto

Hoy pude escaparme durante dos horas, como un prisionero que casualmente encuentra abierta la puerta de su calabozo. De pronto, sentí al mismo tiempo que yo estaba libre y que él se hallaba lejos. Di órdenes de que engancharan los caballos con rapidez y me dirigí a Rouen. Qué alegría poder decirle a un hombre que obedece: «¡Vamos, a Rouen!».

Mandé parar ante la biblioteca y pedí que me prestaran el gran tratado del doctor Hermann Herestauss sobre los habitantes desconocidos del mundo antiguo y moderno.

Después, cuando subí a mi coche, quise decir: «¡A la estación!», pero en lugar de eso grité, con una voz tan fuerte que los transeúntes se dieron la vuelta: «¡A casa!», y caí pesadamente, lleno de angustia, en los cojines de mi asiento. Me había encontrado y volvía a posesionarse de mí.

17 de agosto

¡Ah! ¡Qué noche! ¡Qué noche! Sin embargo, creo que debería mostrarme satisfecho. Leí hasta la una de la madrugada. Hermann Herestauss, doctor en filosofía y en teogonía,[19] escribió en su libro sobre la historia y las manifestaciones de todos los seres invisibles que

19. Teogonía: generación y origen de los dioses del paganismo.

merodean en torno al hombre o han sido soñados por él. Describe sus orígenes, sus dominios y sus poderes. Pero ninguno de ellos se parece al que me domina.

Se diría que, desde que pudo pensar, el hombre presintió y temió la presencia de un ser nuevo, más fuerte que él, su sucesor en este mundo, y que, como no pudo prever la naturaleza de este amo, creó, en su terror, todo ese mundo fantástico de seres ocultos, vagos fantasmas nacidos del miedo.

Leí hasta la una de la madrugada y me senté junto a la ventana abierta, para refrescar mi frente y mi pensamiento con la apacible brisa nocturna.

Era una noche hermosa y tibia, que en otra época me habría parecido exquisita. No había luna. En las negras profundidades del cielo, las estrellas temblaban.

¿Quién vive en aquellos mundos lejanos? ¿Qué formas, qué seres vivos, plantas o animales, existirán allí? Los seres pensantes de esos universos, ¿serán más sabios y más poderosos que nosotros? ¿Verán algo que se nos escapa? Quizá haya un día en que uno de ellos atraviese el espacio y llegue a la tierra para conquistarla, como aquellos antiguos normandos que atravesaban el mar para someter a los pueblos más débiles.

Estamos tan impedidos, somos tan pequeños, tan indefensos e ignorantes como la mota de polvo que se disuelve en una gota de agua.

Con esos pensamientos me adormecí, acariciado por el viento fresco de la noche.

Pero, después de dormir unos cuarenta minutos, abrí los ojos sin hacer un movimiento. Me había despertado cierta emoción confusa y extraña. Al principio no vi nada, pero de pronto me pareció que una de las páginas del libro que había dejado abierto sobre la mesa acababa de moverse sola. Por la ventana no entraba ninguna corriente de aire. Esperé, sorprendido. Al cabo de cuatro minutos, vi con mis propios ojos que otra página se alzaba y caía sobre la anterior, como si la empujara un dedo. Aunque mi sillón estaba vacío, comprendí que él estaba sentado allí, leyendo en mi lugar.

Con un salto furioso, de fiera acosada que se abalanza sobre su domador, atravesé la habitación, dispuesto a atraparlo, estrangularlo y matarlo. Pero, antes de que llegara, el sillón se volcó. La mesa osciló, la lámpara cayó y se apagó, y la ventana se cerró como si un delincuente, sorprendido en medio de su delito, se hubiera levantado y huido de pronto hacia la noche, empujando los batientes al pasar.

Se ha salvado. Pero es evidente que ha sentido miedo. ¡Miedo de mí!

Quizá mañana, pasado mañana o cualquier otro día pueda tenerlo bajo mis puños y aplastarlo contra el suelo. ¿Acaso los perros no muerden a veces la garganta de sus amos?

18 de agosto

He pensado durante todo el día. ¡Oh, sí! Voy a obedecerle, a seguir sus impulsos, a cumplir sus deseos.

Seré humilde, sumiso y cobarde. Él es más fuerte. Pero llegará mi hora.

19 de agosto

¡Ya lo sé, ya lo sé todo! Acabo de leer esto en la *Revista del Mundo Científico*: «De Río de Janeiro nos llega una curiosa noticia. Una ola de locura, una epidemia comparable a las demencias contagiosas que asolaron a los pueblos europeos en la Edad Media, se ha producido en Río de Janeiro. Los habitantes abandonan despavoridos sus casas, huyen de las aldeas y dejan sus cultivos. Se diría que se comportan como un rebaño humano, perseguido, poseído y dominado por seres invisibles aunque tangibles, por una especie de vampiros que se alimenta de sus vidas mientras ellos duermen, y que además beben agua y leche sin que parezca interesarles ningún otro alimento.

El profesor don Pedro Henríquez, en compañía de varios médicos eminentes, ha partido para el estado de São Paulo,[20] a fin de estudiar sobre el terreno el origen y las manifestaciones de esta sorprendente locura, y poder aconsejar al Emperador[21] las medi-

20. Capital del estado brasileño del mismo nombre. Hoy es la mayor metrópoli del hemisferio sur, y el centro financiero de Brasil.

21. En la época en que Maupassant escribió este relato, el emperador era Pedro II (1825-1891). Fue el segundo y último emperador de Brasil.

das más apropiadas para apaciguar a los campesinos enloquecidos».

¡Ah! ¡Ahora recuerdo el hermoso bergantín brasileño que pasó frente a mis ventanas remontando el Sena, el 8 de mayo pasado! ¡Me pareció tan hermoso, tan blanco y alegre! ¡Allí estaba el Ser que venía de lejos, del lugar donde había nacido su raza! ¡Y me vio! Vio también mi blanca vivienda, y sin dudarlo saltó del navío a la costa. ¡Oh, Dios mío!

Ahora ya lo sé y lo presiento. El reinado del hombre ha terminado.

Ha venido aquel que inspiró los primeros terrores de los pueblos primitivos. Es el mismo Ser que, al principio de los tiempos, era exorcizado por sacerdotes inquietos e invocado por los brujos en las noches oscuras. Antes de que se revelara, los dueños provisionales del mundo le adjudicaron formas monstruosas o graciosas de gnomos, de espíritus, de genios, de hadas y de duendes.

Después de las groseras concepciones del espanto primitivo, hombres más perspicaces lo presintieron con mayor claridad. Mesmer sospechaba de su existencia, y hace ya diez años que los médicos descubrieron la naturaleza de su poder de manera precisa, antes de que él mismo pudiera ejercerlo. Han jugado con el arma del nuevo Señor, esa facultad misteriosa que ejerce su dominio sobre el alma humana. La han denominado magnetismo, hipnotismo, sugestión... ¿Qué sé yo? ¡Los he visto divertirse como niños traviesos con ese terrible poder! ¡Desgraciados! ¡Pobre humanidad! Ha llegado el... ¿Cómo se llama? El... Es como si me gritara su nombre, pero no lo entiendo. El... ¡Sí! Está gritando. Le oigo, pero no consigo... Ahora lo repite... ¡El Horla! ¡Ya lo he entendido ¡El Horla! ¡Es él! El Horla ha llegado.

¡Ah! El buitre se come a las palomas, el lobo devora al cordero, el león acecha al búfalo de cuernos afilados. El hombre caza al león con la flecha, con la espada y con la pólvora, pero el Horla hará con el hombre lo que nosotros hemos hecho con el caballo y con el buey. Lo convertirá en su esclavo y en su alimento, por el solo poder de su voluntad. ¡Pobres de nosotros!

Pero a veces el animal se rebela y mata a quien lo ha domado. Yo podría hacer lo mismo, pero primero hay que conocerlo, tocarlo y verlo. Los sabios afirman que los ojos de los animales, que son distintos de los nuestros, no ven del mismo modo. Y mis ojos aún no pueden distinguir al recién llegado que me oprime. ¿Por qué? Ahora recuerdo las palabras del monje del monte Saint-Michel: «¿Acaso vemos la cienmilésima parte de lo que existe?».

Mis ojos son tan débiles e imperfectos que ni siquiera distinguen los cuerpos sólidos cuando son transparentes como el vidrio. Si un espejo sin azogue se alza en mi camino chocaré contra él, como el pájaro que quiere entrar en una habitación y se rompe la cabeza contra los cristales. No puede extrañar entonces que seamos incapaces de percibir un cuerpo nuevo y traslúcido.

¡Un ser nuevo! ¿Por qué no? ¡Sin duda tenía que venir!

Sucede que su naturaleza es más perfecta, y su cuerpo, más sutil, está mejor acabado que el nuestro, que es tan débil y está concebido con tanta torpeza, repleto de órganos defectuosos, mecanismos demasiado complejos que nos obligan a vivir como una planta o un animal, nutriéndonos penosamente de aire, hierba y carne, y nos dejan a merced de las enfermedades, las deformaciones y las putrefacciones. Somos criaturas extrañas y toscas, ingeniosamente mal hechas, bosquejos de un ser que podría haber sido inteligente y extraordinario.

Existen muchas especies en este mundo, desde la ostra hasta el hombre. ¿Por qué no podría aparecer una más, después de cumplirse el período que separa las apariciones sucesivas[22] de las diversas especies? ¿Por qué no pueden surgir también nuevas especies de árboles, de flores gigantescas y resplandecientes, capaces de perfumar regiones enteras? ¿Por qué no pueden aparecer otros elementos que no sean el fuego, el aire, la tierra y el agua? ¡Solo son cuatro, solo cuatro! ¡Qué lástima! ¿Por qué no habrá cuarenta, cuatrocientos o cuatro mil elementos? ¡Todo es tan pobre, mezquino y miserable! ¡Todo se ha creado con avaricia, torpemente, sin gusto! ¡Ah! El elefante y el hipopótamo, ¡qué esbeltez! El camello, ¡qué elegancia!

---

22. El protagonista parece aceptar la teoría de las creaciones sucesivas de las especies, del anatomista francés Georges Cuvier (1769-1832), según la cual tras una serie de catástrofes locales las regiones se repoblarían con nuevas formas.

No faltará quien mencione las mariposas. ¡Flores que vuelan, las llaman algunos! Yo sueño con una mariposa grande como cien universos, con unas alas cuya forma, belleza, color y movimiento ni siquiera puedo describir. Pero la veo... Va de estrella en estrella, refrescándolas y perfumándolas con el soplo armonioso y ligero de su vuelo. Y los pueblos remotos que habitan otros astros se extasían al verla pasar.

....

¿Qué es lo que tengo? Es él, el Horla, que me acosa y me hace concebir estas locuras. Está en mí, se ha convertido en mi alma. ¡Debo matarlo!

19 de agosto

Lo mataré. ¡Lo he visto! Anoche yo estaba sentado a la mesa y fingí escribir con gran atención. Sabía perfectamente que vendría a rondar a mi alrededor, tan cerca que tal vez podría tocarlo. ¡Y entonces, si conseguía atraparlo, tendría la fuerza de los desesperados! Utilizaría mis manos, mis rodillas, mi pecho, mi frente y mis dientes para estrangularlo, aplastarlo, morderlo y despedazarlo.

Me encontraba alerta, con todos mis sentidos sobreexcitados.

Había encendido las dos lámparas y las ocho velas de la chimenea, como si pudiese distinguirlo con esa luz.

Ante mí estaba mi cama, una vieja cama de roble con columnas; a la derecha, la chimenea; a la izquierda, la puerta cerrada con cuidado, que antes había permanecido abierta largo rato, para atraerlo. Detrás de mí se alzaba un gran armario con un espejo de cuerpo entero, que utilizaba cada día para afeitarme y vestirme, y donde, cada vez que pasaba ante él, solía mirarme de pies a cabeza.

Como he dicho, fingía escribir para engañarlo, pues él también me espiaba. De pronto sentí, o mejor, tuve la certeza de que leía por encima de mi hombro, de que estaba allí rozando mi oreja.

Me levanté con las manos extendidas y me di la vuelta con tal rapidez que estuve a punto de caer. Y entonces sucedió algo incomprensible. Se veía como si fuera pleno día, y sin embargo mi imagen no aparecía en el espejo. Permanecí durante un rato mirando con ojos extraviados aquel gran espejo, límpido de arriba abajo. No me atrevía a acercarme ni a hacer más movimientos. Sabía que estaba allí pero que se me escaparía otra vez, y que había devorado mi reflejo con su cuerpo imperceptible.

¡Qué miedo pasé! De pronto empecé a verme en una especie de bruma, al fondo del espejo, como a través de una lámina de agua. Tenía la impresión de que esa lámina se deslizaba despacio, de izquierda a derecha, y de que poco a poco mi imagen adquiría mayor nitidez. Era como el final de un eclipse. Lo que ocultaba mi imagen no parecía tener contornos precisos. Era una suerte de transparencia opaca, que se aclaraba poco a poco.

Tardé en distinguirme del todo, como cada día.

¡Lo había visto! El espanto aún me hace estremecer.

20 de agosto

¿Cómo podré matarlo si está fuera de mi alcance? ¿Envenenándolo? Pero él me verá mezclar el veneno en el agua, y tal vez nuestros venenos no tengan ningún efecto sobre un cuerpo imperceptible. No, no, decididamente no. Pero entonces, ¿qué haré?

21 de agosto

He llamado a un cerrajero de Rouen y le he encargado persianas metálicas, como las que algunas residencias particulares de París tienen en la planta baja, para impedir los robos. Además, me hará una puerta del mismo tipo. Debe de haberme tomado por un cobarde, pero no importa.

10 de septiembre

Rouen, hotel Continental. Ya está, ha sucedido. Pero, ¿habrá muerto? Estoy trastornado por lo que he visto.

Ayer, después de que el cerrajero colocase la persiana y la puerta de hierro, dejé todo abierto hasta medianoche, aunque empezaba a hacer frío. De repente, sentí que él estaba allí y me invadió una enorme alegría.

Me levanté despacio y paseé distraídamente, para que no sospechase nada. Luego me quité los botines y me puse unas pantuflas.

Cerré la persiana metálica y regresé con paso tranquilo hasta la puerta, cerrándola también con dos vueltas de llave. Volví junto a la ventana, la cerré con un candado y me guardé la llave en el bolsillo.

Enseguida comprendí que él se agitaba a mi alrededor, que también sentía miedo y que me ordenaba que le abriera. Estuve a punto de ceder, pero no lo hice. Me acerqué a la puerta y la entreabrí solo lo suficiente para poder pasar yo mismo. Como soy muy alto, mi cabeza llegaba hasta el dintel.

Estaba seguro de que no había podido escapar y de que lo había encerrado allí solo, completamente solo. ¡Qué alegría! ¡Había caído en mi poder! Bajé corriendo, tomé las dos lámparas que se hallaban en el salón, bajo mi habitación, y, con el aceite que contenían, rocié la alfombra, los muebles, todo. Encendí el fuego y me puse a salvo, después de cerrar bien, con dos vueltas de llave, la puerta de entrada.

Me oculté en el fondo de mi jardín, tras un macizo de laureles. ¡Qué larga me pareció la espera! Todo estaba negro, oscuro, inmóvil. No había ni un soplo de brisa, ni una estrella, nada salvo montañas de nubes, que aunque no se veían dejaban sentir su peso en mi alma.

Miraba mi casa y esperaba. ¡Qué espera tan larga! Empecé a pensar que el fuego se había extinguido por sí solo o que él lo había apagado. De pronto, una ventana de la planta baja estalló bajo la presión del incendio, y una gran llamarada roja y amarilla, flexible y acariciante, ascendió por la pared blanca hasta el techo. Un gran resplandor se extendió por los árboles, las ramas y las hojas. Sentí un estremecimiento de pánico. Los pájaros despertaron; un perro ladró. Era como si fuese a amanecer.

Dos ventanas más estallaron enseguida, y toda la planta baja de mi vivienda se convirtió en un espantoso brasero. Entonces, un grito de mujer horrible, agudo y desgarrador, traspasó la noche, al tiempo que se abrían las ventanas de dos buhardillas. ¡Me había olvidado del servicio! ¡Vi sus rostros enloquecidos y sus brazos que se agitaban!

Despavorido, eché a correr hacia el pueblo, gritando: «¡Socorro! ¡Socorro! ¡Fuego! ¡Fuego!». Encontré a personas que ya acudían al lugar y regresé con ellas.

La casa ya era solo una hoguera horrible y magnífica, una hoguera monstruosa que iluminaba toda la tierra, una hoguera donde los hombres ardían y él también. Él, mi prisionero, el nuevo Ser, el nuevo amo. ¡El Horla!

De pronto, el techo entero se derrumbó entre las paredes, y un volcán de llamas ascendió hasta el cielo. Miraba la masa de fuego a través de todas las ventanas abiertas y pensaba que él estaría allí dentro, muerto en aquel horno.

¿Muerto? ¿Era posible? ¿Y su cuerpo? ¿Acaso su cuerpo, que era susceptible de ser atravesado por la luz, podía desaparecer del mismo modo que los nuestros?

¿Y si no hubiera muerto? Quizá solo el tiempo tiene poder sobre el Ser Invisible y Temido. ¿Para qué ese cuerpo transparente, ese cuerpo invisible, ese cuerpo hecho de espíritu, si también está expuesto a las enfermedades, a las heridas, las incertidumbres y la destrucción prematura?

¿La destrucción prematura? ¡Todo el temor de la humanidad procede de ella! Después del hombre, el Horla. Después de aquel que puede morir cada día, cada hora, cada minuto, en cualquier accidente, ha llegado aquel que solo morirá cuando le corresponda, al llegar al límite de su existencia.

No, no hay duda, no ha muerto.

Así pues, tendré que suicidarme.

4
ROBERT LOUIS STEVENSON

Robert Louis Stevenson nació en Edimburgo en 1850. Sus mayores fueron constructores de faros. Estudió ingeniería y derecho, pero pronto sintió la vocación de la literatura. La vida de este hombre valeroso, que medía un metro y noventa centímetros y era delgado como un espectro, a causa de la tuberculosis, fue en gran medida una mudanza permanente, una fuga en busca de la salud.

Tuvo tiempo, sin embargo, de escribir una obra memorable, que incluye novelas de aventuras e históricas, poesía, ensayos y crónicas de viaje. Sus libros más conocidos son *Las nuevas noches árabes* (1882), *La isla del tesoro* (1883), *El ladrón de cadáveres* (1884), *El extraño caso del doctor Jekyll y el señor Hyde* (1886), cuyo argumento le fue dado por una pesadilla, *La flecha negra* (1888), *El señor de Ballantrae* (1889) y *Cuentos de los Mares del Sur* (1893).

En 1888, su necesidad de un clima benigno le hizo embarcarse rumbo a las islas del Pacífico, que visitó en compañía de su madre, de su mujer y de los hijos de esta, Belle Strong, a quien dictaba con frecuencia, y Lloyd Osbourne, para quien había escrito *La isla del tesoro*, en tantas noches como capítulos.

Al principio, el aire marino y la emoción de la aventura restauraron la salud de Stevenson. Durante tres años, viajaron por el Pacífico oriental y el central, y pasaron mucho tiempo en Hawái, donde Stevenson se convirtió en un buen amigo del rey David Kalakaua. También visitaron las islas Gilbert, Tahití y el archipiélago de Samoa.

En 1890, Stevenson compró trescientos acres de terreno al pie del monte Vaea, en Samoa, y construyó una casa que llamaría Vailima, que significa «los cinco ríos», toda de madera verde oscuro con un techo rojo de hierro ondulado. Era el comienzo de la leyenda de Tusitala, como empezaron a llamarle los nativos, «el narrador de cuentos».

El 3 de diciembre de 1894 estaba descorchando una botella de vino en la cocina cuando, de repente, le resbaló de las manos y se rompió en el suelo.

Llamó a gritos a su mujer:

–¿Qué me pasa? ¿Qué es esto tan extraño? –Se tocaba la mandíbula, la boca–. ¡Me ha cambiado la cara!

Su rostro tomó un color negruzco, sus rasgos se confundieron y alteraron, como los del ominoso señor Hyde –¿o era más bien el atildado doctor Jekyll?–, y cayó de rodillas, con los ojos abiertos.

Dos horas después, Robert Louis Stevenson había dejado de soñar para siempre. Los nativos lo velaron durante toda la noche y por la mañana lo llevaron a hombros hasta la cima del monte Vaea, donde lo enterraron a la vista del mar.

Stevenson escribió *Janet la torcida* en 1881. Ese mismo año apareció en la revista *Cornhill Magazine* de Londres, y en 1887 fue incluida en el libro de relatos *Los hombres alegres y otros cuentos y fábulas*, junto con *Markheim* y *Olalla*, entre otros.

Cabe resaltar que, tras las líneas que sirven de prólogo, y que están escritas en un inglés corriente, Stevenson escribió el resto del cuento en escocés, lengua de origen germánico emparentada con el inglés y con el frisón, que se habla en las tierras bajas de Escocia. Eso le proporciona dos registros, el del narrador, que está de visita, y el del narrador local, que le cuenta la historia al anterior, y cuya narración puede ser puesta en duda.

El remoto emplazamiento de la historia, una población escocesa desconocida donde la gente aún cree en la hechicería y es capaz de arrojar a una anciana al río para comprobar si es bruja o no, hace pensar que Janet es víctima del fanatismo local. Pero al final se demuestra, o parece demostrarse, que la gente del lugar tenía razón en sus sospechas, y que Janet era una muerta en cuyo cuerpo se hospedaba el diablo.

JANET LA TORCIDA[1]

Durante mucho tiempo, el reverendo Murdoch Soulis fue pastor de la parroquia de Balweary,[2] en el valle del río Dule. Era un anciano adusto, de rostro sombrío, que atemorizaba a cuantos le oían. Pasó los últimos años de su vida sin parientes, criados ni compañía alguna, en la modesta y solitaria casa parroquial de Hanging Shaw.[3]

Pese a la rígida serenidad de sus facciones, su mirada era huraña, recelosa e inquieta. Y, cuando exhortaba en privado a alguna persona sobre su futuro, parecía como si su mirada, tras atravesar las tormentas del tiempo, vislumbrase los horrores de la eternidad.

Muchos jóvenes que acudían a prepararse para recibir la Primera Comunión quedaban terriblemente afectados por sus palabras. El domingo siguiente al 17 de agosto predicaba siempre un sermón sobre la primera epístola de san Pedro, «El diablo como un

---

1. En el original, *Thrawn Janet. Thrawn*, forma anticuada de *thrown*, significa 'perverso, sombrío, torcido'. El cuento ha sido traducido en ocasiones como *Janet la Contrahecha.*
2. Pueblo ficticio, que aparece varias veces en la obra de Stevenson.
3. *Hanging Shaw*, soto o pequeño bosque de los Ahorcados. Como Dule y Balweary, es un lugar inventado.

león rugiente»,[4] con el que solía superarse, tanto por la naturaleza espantosa del tema como por el terror que sus gestos causaban en el púlpito.

Los niños en particular se asustaban tanto que padecían ataques de nervios, y la gente mayor parecía más solemne que de ordinario, y se pasaba todo el día repitiendo aquellas murmuraciones que Hamlet[5] detestaba.

Al principio del ministerio del señor Soulis, las personas que se tenían por prudentes tendían a evitar durante las horas de oscuridad los alrededores de la casa parroquial, que se alzaba cerca del río Dule, entre unos árboles tupidos, con el soto a un lado y al otro unos montes fríos y yermos que se erguían contra el cielo. Y los campesinos que bebían en la taberna de la aldea movían todos a una la cabeza, ante la sola idea de tener que pasar a una hora tardía por aquel lugar tenebroso.

Había un paraje, para ser más precisos, que suscitaba un especial espanto. La casa parroquial estaba situada entre la carretera y el río Dule, con una vertiente del tejado a cada lado. La parte posterior daba a la aldea de Balweary, situada a casi media milla de

4. El versículo 8º del 5º capítulo de la primera epístola de san Pedro dice: «Sed sobrios, sed vigilantes; porque vuestro adversario el diablo, como león rugiente, anda alrededor, buscando a quién devorar».

5. Hamlet, el protagonista del drama del mismo nombre de William Shakespeare (1564-1616), pide a sus compañeros que no divulguen que ha visto al fantasma de su padre.

distancia. Delante de la casa, entre el río y la carretera, se extendía un jardín desierto, rodeado de un seto de espinos. La casa era de dos plantas, con dos habitaciones grandes en cada una. La entrada no daba directamente al jardín, sino a un paseo o sendero enlosado, que por un lado conducía a la carretera y por el otro llegaba hasta los altos sauces y saúcos que bordeaban la corriente.

Era ese tramo enlosado el que gozaba de tan nefasta reputación entre los jóvenes parroquianos de Balweary. El reverendo paseaba por allí a menudo al anochecer, y a veces, entre el ímpetu de sus plegarias, se escuchaban gruñidos inarticulados. Cuando se hallaba ausente y la puerta de la casa parroquial estaba cerrada con llave, los muchachos más atrevidos de la escuela se aventuraban, con el corazón palpitante, a atravesar corriendo aquel lugar legendario.

Esa atmósfera de terror que rodeaba a un hombre de Dios, de carácter y ortodoxia intachables, era causa de común asombro y tema de curiosidad entre los pocos forasteros que, por casualidad o por negocios, recorrían aquel desconocido y alejado paraje. No solo ellos. Muchos parroquianos ignoraban también los extraños sucesos que habían marcado el primer año de ministerio del señor Soulis. Y, entre los que estaban mejor informados, unos preferían callar, por ser de naturaleza reservada, y otros porque temían hablar sobre aquel asunto en particular.

Solo de vez en cuando alguno de los mayores, envalentonado por un tercer trago, recordaba el origen de la extraña actitud del párroco, y de su vida solitaria.[6]

***

Hace cincuenta años, cuando el señor Soulis llegó por primera vez a Balweary, aún era un joven –un muchacho, decía la gente– lleno de lecturas y bien dotado para la oratoria. Pero, como era natural en un hombre de su edad, tenía poca experiencia práctica en lo referente a la religión. Los más jóvenes estaban muy impresionados por su talento y su facilidad de palabra, pero los hombres y las mujeres de edad lo vieron como un iluso, incapaz de atender debidamente la parroquia. Preocupados y con gesto grave, se sintieron impulsados a rezar por él.

Eso era antes de que mandasen los moderados[7] –estábamos cansados de esperarlos, pero las cosas malas son como las buenas: vienen poco a poco y en pequeñas cantidades–. Incluso entonces había gente que decía que el Señor había abandonado a los profesores del seminario a sus propios recursos, y que los jóvenes que iban a estudiar con ellos habrían salido ganando sentados en una turbera, como sus antepasados en los

6. A partir de este punto, en el original, Stevenson pasa a contar la historia en escocés.

7. Los moderados eran un importante partido clerical que surgió en la iglesia de Escocia a principios del siglo XVIII. Se consideraban menos dogmáticos que los demás y subrayaban el contenido ético del mensaje bíblico.

tiempos de la persecución, con la Biblia bajo el brazo y el espíritu de la oración en el pecho.

No cabía duda de que el señor Soulis había pasado demasiado tiempo estudiando. Era meticuloso y se preocupaba por muchas cosas, salvo por las más importantes. Tenía una gran cantidad de libros, más de los que se habían visto hasta entonces en la parroquia. Buen trabajo le había costado al hombre de la carreta llevarlos hasta allí, porque había suficientes como para quedarse atascado varias veces desde Kilmackerlie.

Eran libros de teología, sin duda, o así los llamaban. Pero la gente seria era de la opinión de que no hacían falta tantos, puesto que toda la Palabra de Dios en su conjunto cabía en un bolsillo.[8] Además, el reverendo pasaba medio día y media noche con ellos, lo cual era muy poco decente. Al principio temían que estuviese leyendo sus propios sermones. Después resultó que estaba escribiendo un libro, lo que con toda seguridad era contraproducente para alguien de tan pocos años y escasa experiencia.

Fuera como fuese, le convenía la compañía de una mujer vieja y honesta, que cuidara de la casa parroquial y le preparara sus frugales comidas. Cuando le enviaron a una vieja atolondrada –Janet M'Clour, la llamaban–, estaba tan ensimismado que se dejó convencer. Muchos le aconsejaron en su contra, porque la buena gente de Balweary tenía sospechas más que fundadas de Janet. Tiempo atrás había tenido un hijo con un dragón,[9] y

8. Probable referencia a una Biblia de bolsillo.

9. Soldado que hacía el servicio alternativamente a pie o a caballo.

llevaba al menos treinta años sin comulgar. Los niños la habían visto hablando sola en Key's Loan al atardecer, en un lugar y una hora desacostumbrados para una mujer temerosa de Dios.

Sin embargo, había sido el señor del lugar quien había recomendado a Janet desde un principio y, en aquellos días, el reverendo habría hecho cualquier cosa para complacerle. Cuando la gente le comentó que Janet estaba poseída por el demonio, les contestó que eso eran supersticiones. Y, cuando le citaron la Biblia y la bruja de Endor,[10] les dio a entender que esos tiempos ya habían pasado y que felizmente el demonio había perdido buena parte de sus poderes.

Al saber que Janet M'Clour iba a servir en la casa del párroco, los habitantes de la aldea se indignaron con ambos. A algunas vecinas no se les ocurrió nada mejor que acudir a la puerta de la casa de Janet y acusarla de cuanto sabían de ella, desde lo del hijo del dragón hasta lo de las dos vacas de John Tamson.

Janet no era una mujer muy habladora. Normalmente la gente le dejaba hacer su vida y ella se comportaba de igual modo. No daba a nadie los buenos días ni las buenas noches, pero cuando se enfadaba tenía una lengua capaz de dejar sordo a un molinero.

Se puso hecha una furia, pues, y sacó a relucir todos los viejos chismes de Balweary. Por cada cosa que le

---

10. Figura de la Biblia, concretamente del Primer Libro de Samuel, donde aparece como necromante, persona capaz de contactar con los muertos.

decían contestaba al menos dos. Hasta que, al final, las vecinas la cogieron, le arrancaron la ropa y la arrastraron desde la aldea hasta las aguas del río Dule, para comprobar si era bruja o no, es decir, si se salvaba o se hundía. La vieja gritó tanto que se la oyó en el Hanging Shaw, y luchó y se defendió como diez. Tanto que aquellas señoras tuvieron su ración de arañazos y magulladuras.

Pero entonces, cuando la trifulca estaba en su punto más álgido, ¿quién diréis que apareció? Pues nada menos que el nuevo reverendo.

–Mujeres –dijo él, con su voz grandilocuente–, en nombre de Dios os ordeno que la soltéis.

Enloquecida por el miedo, Janet corrió hacia él, se le abrazó y le rogó, en nombre de Cristo, que la librara de aquellas arpías. Ellas, por su parte, le contaron cuanto sabían de ella y quizá se inventaron otro tanto.

–Mujer, ¿es verdad eso? –le preguntó él.

–Por el Señor que me está viendo y que me creó, juro que no es verdad ni una palabra. Aparte del hijo, he sido una mujer decente toda mi vida.

–En nombre de Dios y ante mí, su indigno pastor –le dijo él–, ¿renuncias al diablo y a sus obras?

Cuentan que cuando preguntó eso ella sonrió de un modo espantoso, y que oyeron cómo rechinaba los dientes. Pero solo tenía una salida. Levantó la mano y renunció al diablo delante de todos.

–Y ahora –les dijo el señor Soulis a las vecinas–, id a vuestras casas y pedid a Dios que os perdone.

Ofreció el brazo a Janet, que apenas llevaba encima algo más que su camisa, y la acompañó por la aldea hasta la puerta de su casa, como si se tratara de una gran señora. Mientras, ella gritaba y reía de modo escandaloso.

Aquella noche, muchas personas devotas prolongaron sus oraciones más de lo habitual. Pero al amanecer hubo tal pánico en todo Balweary que los niños se escondieron, y hasta los hombres se quedaron en casa o, como mucho, se asomaron a la puerta.

Era que Janet –ella o alguien que se le parecía, nadie podría decirlo con certeza– recorría la aldea de un extremo a otro, con el cuello torcido y la cabeza ladeada, como un cuerpo que ha sido ahorcado, y una sonrisa en el rostro como la de un cadáver sin enterrar.

Poco a poco se fueron acostumbrando e incluso se atrevieron a preguntarle, para saber qué le ocurría. Pero desde aquel día en adelante no pudo hablar como una mujer cristiana. Solo balbuceaba y hacía un ruido con los dientes, que sonaba como las tijeras de podar ovejas. Y desde aquel día sus labios dejaron de pronunciar el nombre de Dios. A veces lo intentaban, pero no lo conseguían.

Quienes más sabían eran quienes menos decían. Nunca volvieron a llamar a aquel ser por el nombre de Janet M'Clour, pues al decir de ellos la vieja ya estaba en el infierno.

No obstante, fue imposible convencer al reverendo. No hacía sino sermonearlos sobre la crueldad de la gente, que según decía había provocado a su sirvienta aquel ataque de parálisis, y reñía a los muchachos que la molestaban. Aquella misma noche la acogió en la casa parroquial y desde entonces permaneció a solas con ella en Hanging Shaw.

Pasó el tiempo, y los más indolentes empezaron a pensar menos en aquella sombría historia. El reverendo estaba bien considerado. Se quedaba a escribir hasta tarde, y la gente veía la luz de su vela reflejada a lo lejos en las aguas del río Dule, incluso después de las doce de la noche. Parecía tan satisfecho de sí mismo y tan arrogante como antes, pero cualquiera podía ver que estaba consumiéndose.

En cuanto a Janet, iba y venía. Si antes hablaba poco, ahora lo hacía menos. No molestaba a nadie, pero su aspecto era tan horripilante que nadie se hubiese atrevido a entrar en tratos con ella, ni por toda la tierra de Balweary.

A finales de julio hizo un tiempo tan malo como nunca se había visto por aquellas tierras. Nada se movía y hacía un calor despiadado. Los rebaños no podían subir a Black Hill a pastar, y los niños estaban demasiado cansados para jugar. Y, sin embargo, también era un tiempo borrascoso, con ráfagas de viento cálido que retumbaban en los valles y breves chaparrones que apenas mojaban la tierra.

Todos estábamos convencidos de que al día siguiente descargaría una tormenta, pero amanecía y pasaba la mañana y seguíamos teniendo aquel tiempo amenazante, malo para las personas y para el ganado.

Quien más sufría era el señor Soulis. No podía dormir ni comer, según les contó a los ancianos. Cuando no estaba escribiendo su interminable libro, vagabundeaba por el campo como un poseso, mientras los demás, resguardados del calor, permanecían en sus casas.

Frente a Hanging Shaw, al abrigo de Black Hill, hay una parcela de tierra con una cerca y una puerta de hierro. Al parecer, en los viejos tiempos estaba allí el cementerio de Balweary, consagrado por los papistas antes de que la verdadera luz brillase en este reino.[11]

Era uno de los sitios preferidos del señor Soulis. Allí se sentaba y meditaba sus sermones. Un día, cuando subía la colina de Black Hill por el lado oeste, vio primero dos, luego cuatro y finalmente siete cornejas, que volaban en círculos sobre el viejo cementerio.

Volaban bajo, pesadamente, graznándose unas a otras. El señor Soulis comprendió enseguida que algo las había apartado de su rutina cotidiana. No era persona que se asustara con facilidad. Se acercó directamente a la cerca. Y he aquí que vio a un hombre, o la apariencia de un hombre, sentado en el cementerio sobre una tumba.

Era de una estatura enorme, negro como el infierno,[12] con unos ojos de lo más extraordinario. El señor Soulis había oído hablar de hombres negros en muchas ocasiones, pero el aspecto de aquel sujeto le atemorizó. Pese al calor, un escalofrío le recorrió el cuerpo hasta la médula de los huesos. Sin embargo, reaccionó:

–Amigo, ¿es usted forastero? –le preguntó.

---

11. El narrador considera que la verdadera religión es la de la Iglesia de Escocia, que en 1580 rompió con Roma.

12. En la antigua Escocia era corriente la creencia de que el demonio se aparecía como un hombre de piel negra.

El hombre negro no contestó. Se puso en pie y empezó a moverse de forma extraña en dirección a la parte más alejada de la cerca, pero sin dejar de mirar al reverendo. Este permaneció inmóvil sin perderlo de vista, hasta que, de pronto, el hombre negro saltó la tapia y corrió al abrigo de los árboles.

Sin saber muy bien por qué, el señor Soulis corrió tras él. Pero se encontraba muy fatigado después del paseo, a causa del tiempo caluroso e insano. Pese a sus esfuerzos, solo tuvo un atisbo del hombre negro entre los abedules, antes de llegar al pie de la colina. Allí lo vio vadear a saltos las aguas del río Dule, y de nuevo lo perdió de vista cerca de su casa.

Al señor Soulis no le agradaba la idea de que un peligroso vagabundo se tomara tantas libertades con la casa parroquial de Balweary. Redobló sus esfuerzos y, mojándose los zapatos, vadeó la corriente y llegó al camino empedrado. Pero allí no había ni sombra del hombre negro. Se acercó a la carretera, pero tampoco encontró a nadie, y lo mismo le ocurrió en el jardín.

Al final, y un poco asustado, como era natural, levantó el pasador y entró en la casa parroquial. Allí estaba Janet M'Clour delante de sus ojos, con el cuello torcido y un gesto de desagrado. Más adelante recordaría siempre que al mirarla sintió de nuevo el mismo escalofrío mortal.

–Janet, ¿has visto a un hombre negro? –le preguntó.

–¡Un hombre negro! –exclamó ella–. ¡Cielo santo! ¡Qué cosas dice usted, reverendo! No hay un hombre negro en todo Balweary.

Pero no lo dijo con claridad, como cabe suponer, sino mascullando, como un poni con el bocado de hierro puesto.

–Bueno –dijo él–, Janet, si no hay ningún hombre negro es que he estado hablando con el maligno.

Y se sentó como si tuviera fiebre, con los dientes castañeteándole sin cesar en la boca.

–Debería darle vergüenza decir algo así, reverendo –replicó ella, y le ofreció un poco de aguardiente.

A continuación, el señor Soulis entró en su estudio, donde guardaba la mayor parte de sus libros. Era una habitación alargada, de techo bajo y oscura, que resultaba terriblemente fría en invierno y demasiado húmeda hasta en la época más calurosa del verano, porque la casa estaba muy cerca del agua.

Se sentó muy abatido y pensó en todo lo que le había ocurrido desde su llegada a Balweary, en la casa de su familia, y en los días en que solo era un crío y correteaba alegremente por las colinas. Pero el recuerdo de aquel hombre negro volvía siempre a su cabeza, como el estribillo de una canción. Cuanto más pensaba, más se acordaba del hombre negro.

Intentó rezar, pero las palabras no le salían. Dicen que intentó trabajar en su libro, pero tampoco lo consiguió. A ratos pensaba que el hombre negro estaba a su lado y sentía un sudor frío, como el agua recién sacada de un pozo. En otros momentos, volvía en sí y creía controlar el miedo.

Se acercó a la ventana y miró fijamente el agua del Dule.

Cerca de la casa, los árboles son muy frondosos y el agua es profunda y negra. Allí estaba Janet, lavando la ropa con la falda remangada. Se encontraba de espaldas, y el reverendo, por su parte, la miraba casi sin darse cuenta de lo que estaba mirando. De pronto, ella se dio la vuelta y le enseñó el rostro.

El señor Soulis tuvo por tercera vez la misma sensación de terror que le había acometido aquel día, y se acordó de lo que decía la gente: que Janet estaba muerta hacía tiempo y que aquello solo era un espectro que habitaba en su carne, fría como el barro. Se apartó un poco de la ventana y la miró detenidamente.

Janet golpeaba una y otra vez la ropa, mientras canturreaba para sí misma. Y, Dios nos libre, su cara era verdaderamente espantosa. A ratos cantaba más alto, pero no había hombre ni mujer que pudiera entender sus palabras. Y en ocasiones miraba hacia abajo con la cabeza torcida, pero donde ella miraba no había nada.

El párroco tuvo un sentimiento de rechazo hacia sí mismo. Era un aviso del Cielo, pero el señor Soulis se culpó a sí mismo por pensar tan mal de una pobre mujer vieja y enferma, sin amigos. Así que rezó unas oraciones por ambos, tomó un poco de agua fresca, porque estaba demasiado ansioso para comer, y se fue a la cama mientras aún oscurecía.

Aquella fue una noche que nunca se olvidará en Balweary, la del 17 de agosto de 1712. Antes había hecho calor, como he contado, pero aquella noche hizo más que nunca. El sol se puso entre unas nubes de aspecto muy extraño, y el cielo se volvió como un pozo. No había ni una estrella ni un soplo de aire. Uno no podía ver siquiera su propia mano al ponerla delante de la cara, e incluso los más ancianos del lugar se quitaban las sábanas y jadeaban en busca de aire.

Con todo lo que tenía en la cabeza, era muy improbable que el señor Soulis pudiese dormir gran cosa. Dio vueltas y más vueltas, y la cama, que al acostarse le había parecido limpia y fresca, ahora le quemaba hasta los huesos. A ratos dormía y a ratos se despertaba. Unas veces oía el reloj que daba las horas durante la noche, y otras a un perro que aullaba como si hubiera muerto alguien. Unas veces creía oír fantasmas susurrando en su oído y otras atisbaba fuegos fatuos en el dormitorio. Decidió que tenía que estar enfermo y en cierto modo lo estaba, pero no llegaba a sospechar de qué enfermedad.

Al final se le aclaró la mente. Se sentó al borde de la cama, en camisón, y volvió a pensar en el hombre negro y en Janet. De repente, sin saber cómo, quizá por la sensación de frío que notaba en los pies, se le ocurrió que había cierta relación entre ellos y que uno o ambos eran fantasmas.

Justo en aquel momento, en la habitación de Janet, que estaba junto a la suya, se oyó un ruido muy fuerte, como si hubiese hombres peleando, y a continuación un golpe terrible. Una corriente de aire sacudió estrepitosamente las cuatro esquinas de la casa. Después, todo volvió a quedar silencioso como una tumba.

El señor Soulis no temía ni a los hombres ni al diablo. Encendió una vela y en tres zancadas llegó ante la puerta de Janet. Como no estaba cerrada por dentro, la abrió de un empujón y entró sin vacilar.

Era una habitación amplia, tanto como la del reverendo. Estaba repleta de muebles antiguos, grandes y sólidos. Había una cama con dosel y pesadas colgaduras, un armario de roble con algunos de los libros de teología del reverendo, que se habían quedado allí por falta de espacio, y unas cuantas prendas de Janet, esparcidas aquí y allá por el suelo.

Pero a Janet no se la veía por ninguna parte, y tampoco había señal alguna de lucha. El párroco miró por todas partes y escuchó con atención. Pero no oyó nada, ni dentro de la casa ni en todo Balweary. Tampoco se veía nada, salvo las sombras que giraban en torno a la vela.

De pronto, el corazón le latió con rapidez y se detuvo. Sintió que un viento frío le agitaba el cabello.

¡Qué espectáculo tan triste vieron los ojos del pobre hombre! Allí estaba Janet, colgada de un clavo junto al viejo armario de roble. Llevaba la cabeza como siempre, inclinada sobre el hombro, y tenía los ojos cerrados, la lengua fuera de la boca y los zapatos a dos pies del suelo.

«¡Que Dios nos perdone a todos!», pensó el párroco. «La pobre Janet está muerta».

Dio un paso hacia el cuerpo y entonces el corazón volvió a darle un vuelco en el pecho, porque había advertido que, gracias a algún hechizo que estaba más allá de toda comprensión, Janet colgaba de un solo clavo y de un único hilo de estambre, de los que sirven para zurcir medias.

Era horrible estar de noche a solas con aquellos prodigios de los poderes del mal, pero el reverendo Soulis tenía una fe muy arraigada en el Señor.

Dio la vuelta, salió de aquella habitación y cerró tras sí la puerta con llave. Paso a paso, bajó las escaleras pesadamente, como si las piernas fuesen de plomo, y colocó la vela en la mesa que había al pie de la escalera. No podía rezar ni pensar. Estaba empapado en un sudor frío y solo oía los latidos de su propio corazón.

Quizá permaneció allí durante una hora o dos. De pronto escuchó un extraño rumor muy suave, procedente de arriba. Unos pasos iban y venían por la habitación donde estaba el cuerpo colgado. La puerta se abrió, aunque él recordaba con claridad que la había cerrado con llave. Sintió pisadas en el rellano y le pareció que el cadáver se asomaba a la barandilla y miraba hacia abajo, donde él se encontraba.

Cogió la vela de nuevo, porque no podía prescindir de la luz, y, tan sigilosamente como pudo, salió de la casa y se dirigió al extremo del sendero empedrado que quedaba más lejos.

La noche seguía tan oscura como antes. Y la llama de la vela, cuando la puso en tierra, se elevaba recta y quieta, como en una habitación. Nada se movía, salvo el agua del río Dule, que se deslizaba valle abajo, y aquellos pasos terribles que bajaban con lentitud insoportable las escaleras de la casa.

Conocía aquellos pasos perfectamente. Eran de Janet, y a cada avance le parecía que el frío aumentaba en sus entrañas.

Encomendó su alma al creador y le dijo:

–¡Oh, Señor, dame fuerza para luchar esta noche contra el poder del mal!

En aquel momento, los pasos se acercaban ya por el pasillo hacia la entrada. Podía escuchar una mano que rozaba la pared con sumo cuidado, como si aquella criatura infernal buscara el camino a tientas.

Los sauces se agitaron y gimieron, un largo suspiro llegó desde el otro lado de los montes y la llama de la vela empezó a bailar en todas direcciones.

Entonces, de pie en el umbral de la casa, apareció el cuerpo de Janet la torcida, con su vestido de lana y su capucha negra, la cabeza apoyada sobre el hombro y una mueca aún visible en el rostro. Podría decirse que estaba viva, pero el reverendo Soulis sabía que en realidad estaba muerta.

Es extraño que el alma del hombre dependa tanto de su cuerpo perecedero, pero el párroco vio lo que vio y sin embargo su corazón aguantó sin romperse.

Janet no permaneció quieta mucho tiempo. Empezó a moverse de nuevo y se acercó lentamente hacia el señor Soulis, que se había refugiado bajo los sauces. Toda la vida de su cuerpo y toda la fuerza de su espíritu brillaban en los ojos del párroco.

Le pareció que ella iba a hablar, pero le faltaron las palabras e hizo una señal con la mano izquierda. Hubo un golpe de viento como el bufido de un gato. La vela se apagó, los sauces se agitaron como personas y el señor Soulis supo que de algún modo se acercaba el final, y que era a vida o muerte.

–¡Bruja, serpiente, diablo! –gritó–. ¡Te ordeno, en nombre de Dios, que si estás muerta vuelvas a tu tumba, y si estás condenada te hundas para siempre en el infierno!

En aquel instante, la mano de Dios la fulminó allí mismo, desde el Cielo. El cadáver profanado de la vieja bruja, tanto tiempo fuera de la tumba y tan utilizado por los demonios, ardió de pronto como un trozo de azufre y cayó al suelo convertido en cenizas. Estallaron los truenos, más ruidosos cada vez, y enseguida la lluvia empezó a caer con fuerza.

El reverendo Soulis saltó sobre el seto del jardín y, sin dejar de dar gritos, corrió hacia la aldea.

Aquella misma mañana, John Christie vio al Hombre Negro pasar Muckle Cairn cuando daban las seis de la mañana. Antes de las ocho fue visto cerca de la posada de Knockdown. Poco después, Sandy M'Lellan lo vio atravesando muy deprisa los valles que quedan más abajo de Kilmackerlie.

No hay duda de que fue él quien había ocupado el cuerpo de Janet durante tanto tiempo. Pero por fin se había marchado. Desde entonces, el diablo nunca ha vuelto a molestarnos en Balweary.

Fue una prueba muy dura para el párroco, que permaneció delirando en la cama durante mucho tiempo. Y desde aquel día hasta ahora ha sido el hombre que usted ha conocido hoy.

5
LAFCADIO HEARN

Lafcadio Hearn nació en 1850 en Lefkada, una de las islas Jónicas de Grecia, que por entonces estaba ocupada por tropas británicas. Su padre era cirujano militar y su madre una mujer griega de noble linaje, que no hablaba inglés. A los dos años Lafcadio se instaló en Dublín, donde cursó sus primeros estudios. Perdió el ojo izquierdo en un accidente, razón por la que en las fotografías aparece siempre de lado o con los ojos cerrados. Además, su ojo derecho era bastante miope.

La relación entre sus padres se enfrió. Desatendido por ambos, Lafcadio tuvo una breve y espasmódica educación en Inglaterra y en Francia. A los 19 años emigró a los Estados Unidos, donde acabó dedicándose al periodismo. Fue reportero del *Cincinnati Daily Enquirer*, donde mostró un particular interés por lo extraño y lo macabro. Un reportaje suyo sobre un asesinato aumentó su reputación. En otro diario, el *Cincinnati Comercial*, publicó poemas en prosa y artículos sobre temas poco frecuentes entonces, como la vida de la gente de color en la ciudad.

Tradujo a Flaubert y a Maupassant y en 1887 escribió un libro sobre fantasmas chinos. Vivió en Nueva Orleans y trabajó como corresponsal en La Martinica, donde publicó una novela muy original para su época sobre una sublevación de esclavos.

En 1890 se trasladó a Japón, donde encontró su hogar y su mayor fuente de inspiración. Se casó con una mujer japonesa, se naturalizó japonés y asumió el nombre de Koizumi Yakumo; Koizumi era el apellido de su mujer. Escribió numerosos artículos y libros divulgativos sobre su nuevo país, que tuvieron gran aceptación en Europa. Uno de esos libros, *El romance de la Vía Láctea*, tiene una amplia sección dedicada a los fantasmas.

Lafcadio enseñó literatura inglesa en la universidad imperial de Tokio. Su visión sobre Japón cambió en los últimos años. Deploraba el auge del militarismo nipón y adivinaba un futuro enfrentamiento entre Japón y Occidente. Murió de un ataque al corazón en 1904.

Yuki-onna es uno de los cuentos incluidos en el libro *Kwaidan* (1903), palabra que en japonés significa 'historia de fantasmas'. En la introducción de ese libro, Hearn escribió que se había basado en antiguos textos japoneses. La historia de *Yuki-onna* es una excepción, ya que se la refirió un granjero de la provincia de Musashi.

En el folclore japonés, Yuki-onna es representada como una mujer alta, hermosa, de largos cabellos, con peineta y horquillas de hielo, que siempre aparece en una noche nevada. Su piel es muy pálida o transparente, e incluso de color morado.

Se dice que flota sobre la nieve sin dejar huella, y que puede transformarse en niebla o en nieve si se siente amenazada. Se la asocia con el invierno y con las tormentas, y algunos creen que es el espíritu de una mujer que murió en una nevada. Hasta el siglo XVIII se le atribuía un poder maléfico, pero en la actualidad se insiste más en su carácter fantasmal y en su belleza glacial y efímera.

En 1964, el director de cine japonés Masaki Kobayashi eligió *Yuki-onna* como una de las cuatro historias que componen su película *Kwaidan*, que al año siguiente ganó el Premio Especial del Jurado en el Festival de Cannes.

YUKI-ONNA

En una aldea de la provincia de Musashi[1] vivían dos leñadores, llamados Mosaku y Minokichi. En la época a que me refiero, Mosaku ya era un anciano, y Minokichi, su ayudante, contaba solo dieciocho años de edad.

Todos los días iban juntos a un bosque, a unas cinco millas de su aldea. Para llegar a él tenían que cruzar un ancho río, donde había una barca. En el lugar donde estaba el embarcadero habían construido varios puentes, pero todos se los habían llevado las aguas. Ningún puente corriente podía resistir las crecidas del caudaloso río.

Una tarde muy fría, de vuelta a su casa, los leñadores se vieron sorprendidos por un terrible huracán de nieve. Llegaron al embarcadero y descubrieron que el barquero se había marchado, dejando el bote en la orilla opuesta.

El día no estaba para nadar, y los leñadores se refugiaron en la choza del barquero, muy satisfechos de haber podido encontrar un techo bajo el que guarecerse. En la choza no había brasero ni sitio para encender

1. Antigua provincia de Japón, cuyas fronteras incluyen casi por completo el actual Tokio, y partes de las prefecturas de Saitama y de Kanagawa.

fuego. Solo era una cabaña de dos esteras[2] y una única puerta, pero no había ventana.

Mosaku y Minokichi sujetaron la puerta y se sentaron a descansar, abrigándose con sus abrigos de paja. Al principio no tenían mucho frío, e imaginaron que la tormenta pasaría pronto.

El viejo se durmió poco después, pero el joven estuvo despierto largo rato, escuchando el retumbar de los truenos, el horrible bramido del viento furioso y el continuo azotar de la nieve contra la débil choza, que crujía y se tambaleaba con la ligereza de un junco en el mar.

Era una tormenta formidable, y el aire se hacía más helado a cada momento. Minokichi temblaba bajo su abrigo de paja. Pero al fin, y pese al frío, también él cayó dormido.

Se despertó al sentir que la nieve le caía en el rostro. La puerta de la choza había sido forzada, y al resplandor de la nieve (*yuki-akari*) distinguió la figura de una mujer. Era blanca de la cabeza a los pies. Estaba inclinada sobre Mosaku y le echaba su aliento, y ese aliento era como un humo brillante.

Casi en el mismo momento se volvió hacia Minokichi, y también se inclinó sobre él. El joven quiso gritar, pero no pudo articular ni una sola palabra. La mujer blanca se inclinaba y se inclinaba cada vez más, hasta que los dos rostros casi se tocaron. El leñador observó que era muy bella, pero los ojos causaban espanto.

---

2. Es decir, que en el suelo solo había espacio para dos esteras, una junto a la otra.

Por espacio de unos segundos, la mujer lo contempló en silencio. Después sonrió y le susurró al oído:

–Pensaba hacerte lo mismo que al otro. Pero no puedo dejar de sentir lástima por ti. ¡Eres tan joven! ¡Y eres un hermoso joven! ¡Muy hermoso, muy hermoso! Sí, Minokichi. Y por eso no quiero herirte ahora. Pero si alguna vez dices algo, aunque fuera a tu propia madre, sobre lo que has visto esta noche, lo sabré al momento y te mataré. ¡Nunca olvides esto que te he dicho!

Dio media vuelta, atravesó la puerta y desapareció. El leñador pudo moverse al fin. Saltó hacia la puerta y escudriñó por todas partes. Pero la mujer se había esfumado misteriosamente. Y la nieve entraba con fuerza en la cabaña.

Minokichi cerró la puerta y la aseguró apoyando varios leños contra ella. Se preguntó si el viento habría derribado la puerta y todo lo demás habría sido solo un sueño. Quizá había confundido la figura de mujer que había visto en la puerta con la brillante claridad de la nieve. Pero no podía estar seguro. Llamó al viejo, y se asustó porque este no le respondió.

Buscó a tientas en la oscuridad, y tocó el rostro de Mosaku. ¡Y descubrió que estaba frío como el hielo! El desgraciado leñador había muerto...

Al romper el día cesó la tormenta. Cuando el barquero, poco después de salir el sol, volvió a su puesto, encontró a Minokichi tendido en el suelo, sin conocimiento, junto al cadáver congelado de Mosaku.

Minokichi fue atendido con cuidado y pronto volvió en sí, pero durante mucho tiempo estuvo enfermo, a causa del frío que había pasado aquella terrible noche.

La muerte del viejo le afectó intensamente, pero no mencionó a nadie la visita de la mujer blanca. Tan pronto como recuperó la salud, volvió a su trabajo de leñador. Cada mañana iba solo al bosque y regresaba al anochecer con los haces de leña recogidos en la jornada, que su madre le ayudaba a vender.

Una tarde del invierno siguiente, al regresar a su cabaña, encontró a una joven que llevaba el mismo camino. Era alta, esbelta y de hermosa apariencia. Contestó al saludo de Minokichi con una voz tan grata a los oídos como la de un pájaro cantor.

El leñador se le acercó y empezaron a charlar mientras caminaban. Dijo llamarse O-Yuki.[3] Hacía poco tiempo que habían muerto sus padres y se dirigía a Yedo,[4] para ver si unos parientes pobres que allí tenía le ayudaban a entrar al servicio de alguna casa principal.

Minokichi quedó encantado con la amena charla de la joven, y cuanto más la miraba, más bella le parecía. Le preguntó si estaba prometida. Riendo, ella le contestó que estaba libre.

A su vez, O-Yuki le preguntó también al leñador si estaba casado o prometido. Minokichi respondió que, aunque solo tenía que mantener a su madre, porque su padre había muerto ya, la cuestión de una «nuera

---

3. El nombre, que significa 'nieve', es relativamente frecuente.
4. También se llama Edo. Es el antiguo nombre de Tokio.

conveniente» no se había tratado aún, porque él era muy joven.

Después de hacerse estas mutuas confidencias siguieron su camino durante largo rato, sin hablarse. Y es que, como dice el proverbio japonés: *Ki ga aréba, mé mo kuchi hodo ni mono wo iu*, o sea: «Cuando el deseo ha prendido, los ojos pueden hablar mucho más que la boca...».

Al llegar a la aldea, cada uno estaba encantado del otro. Minokichi le pidió a O-Yuki que entrara en su casa para descansar un rato. La joven contestó con gran timidez y al principio rechazó el ofrecimiento, pero acabó por aceptar.

La madre del joven la recibió con mucho cariño y le preparó comida caliente. O-Yuki se comportó de un modo tan delicado y exquisito que la anciana le tomó un afecto repentino y la persuadió para que retrasara su viaje a Yedo. El desenlace natural de todo aquello fue que O-Yuki nunca marchó a Yedo. Permaneció en la casa como «una nuera conveniente».

O-Yuki demostró que, en efecto, era una nuera excelente. Cuando, cinco años después, murió la madre de Minokichi, las últimas palabras que pronunció fueron palabras de afecto y alabanza, dirigidas a la esposa de su hijo. Y O-Yuki trajo diez hijos al mundo, niños y niñas, todos muy hermosos y de un cutis blanquísimo.

Las gentes del lugar creían que O-Yuki era una persona maravillosa, pero de una naturaleza distinta. La mayoría de las mujeres de los campesinos envejecían pronto, pero O-Yuki, incluso a pesar de haber tenido diez hijos, se conservaba tan joven, tan fresca y tan bella como el primer día que llegó a la aldea.

Una noche, cuando ya los niños se habían ido a dormir, O-Yuki se sentó a coser a la luz de una lámpara de papel. Minokichi, que estaba contemplándola, exclamó:

–Al verte coser, con esa luz sobre tu rostro, he recordado un suceso bastante extraño que me ocurrió cuando era un chico de dieciocho años. Entonces vi a una persona tan bella y tan blanca como tú lo eres ahora. Ciertamente, era igual que tú...

Sin levantar su mirada de la costura, O-Yuki preguntó:

–Dime algo de ella. ¿Dónde la viste?

Entonces Minokichi le contó la terrible historia de aquella noche lejana en la cabaña del barquero y le habló de la Mujer Blanca que se inclinó sobre él, sonriéndole y murmurando palabras en su oído. También le relató la silenciosa muerte de Mosaku, y añadió:

–Dormido o despierto, aquella fue la única vez en la que he visto un ser tan hermoso como tú. Desde luego, no se trataba de un ser humano. Tuve miedo de ella, muchísimo miedo. ¡Era tan blanca! La verdad es que nunca he podido tener la certeza de si lo que vi fue un sueño o la Mujer de la Nieve.

O-Yuki arrojó sus labores al suelo, se irguió e, inclinándose sobre Minokichi, que estaba sentado, le gritó a la cara:

–¡Era yo, yo, yo! ¡Era Yuki! ¡Y te dije que te mataría si llegabas a decir una sola palabra sobre aquello!

Mas, por estos niños que duermen ahí, ¡no te mataré ahora! Cuida bien de ellos y procura que nunca les falte de nada, absolutamente de nada. Pues si algún día tuvieran motivo para quejarse de ti, te trataría como mereces.

A medida que gritaba, su voz se iba debilitando, como el rumor del viento. Se fundió en una nubecilla blanca y brillante, que ascendió hasta las vigas del techo y, con un estremecimiento, desapareció por la chimenea. Nunca volvió a ser vista.

6
W. W. JACOBS

William Wymark Jacobs, más conocido como W. W. Jacobs, nació en 1863 en Wapping, Londres, en una casa a orillas del río Támesis. Su padre trabajaba como administrador en uno de los muelles, y su infancia, como la de sus hermanos y hermanas, se vio animada por el ruido de las sirenas de los barcos y el arrullo de las mareas.

Jacobs estudió en un colegio privado londinense y en el Birkbeck College. En 1879 empezó a trabajar como funcionario de correos, y en 1885 publicó su primer relato. Era una persona bien asentada en tierra firme, pero su pluma se nutría de las imágenes y las conversaciones de los trabajadores de los muelles y de los «hombres que navegan por el mar en barcos de mediano tonelaje», según declaró la revista humorística *Punch*, en referencia al primer libro de cuentos de Jacobs, *Exceso de carga* (1896).

Poco después apareció la novela corta *El patrón galanteador* y, en 1898, otro libro de cuentos, *Erizos de mar*. Ese año sus historias empezaron a aparecer en la revista mensual *The Strand*, lo que le proporcionó suficiente seguridad económica como para dejar su trabajo en correos y dedicarse a escribir.

Siguió componiendo relatos y novelas, en su mayoría humorísticos, y adaptó algunos de esos textos para el escenario. Su primera adaptación fue *El fantasma de Jerry Bundler*, estrenada en Londres en 1899. En 1900 contrajo matrimonio con una militante sufragista, Agnes Eleanor Williams, y se afincó en Loughton, Essex.

Otros de sus títulos son *Nudos marineros* y *Rondas nocturnas*. A partir de la Primera Guerra Mundial, su producción narrativa decayó y se dedicó principalmente al teatro. Murió en Islington, Londres, en 1943.

La pata de mono es un excelente ejemplo de la habilidad de W. W. Jacobs para combinar la vida cotidiana y un humor suave, de corte dickensiano, con aventuras exóticas y elementos terroríficos. Apareció por primera vez en la colección de relatos *La dama de la barca* (1902).

El relato trata de un hechizo que un faquir ha urdido para demostrar que el destino rige la vida de las personas, y que uno no puede ir contra él sin pagar un precio muy alto.

Cabe observar que la situación de partida, la de un talismán que cumple tres deseos, es muy antigua y tiene un ilustre antecedente en *Las mil y una noches*. En otras versiones del mismo artificio, los deseos se piden a un dios, a un genio o a un talismán que sigue ejercitando sus poderes.

En la versión de W. W. Jacobs, en cambio, la pata de mono pierde sus virtudes al término del relato, ya que esas virtudes consistían en otorgar tres deseos a tres personas distintas, y acaba de contarse lo que le ocurrió a la familia White, que cometió la temeridad de pedir sus deseos en tercer lugar. Como escribe el escritor argentino Adolfo Bioy Casares (1914-1999): «Tal vez lleguemos a encontrar la pata de mono, ya que Jacobs no la destruye, pero no podremos utilizarla».

El relato ha sido llevado al teatro en numerosas ocasiones, así como a la radio, a la televisión e incluso a la ópera. Hay al menos tres versiones cinematográficas, la última de las cuales es una versión estadounidense de 2013, titulada *The Monkey's Paw* y dirigida por Brett Simmons.

LA PATA DE MONO

Ten cuidado con lo que deseas,
porque puedes conseguirlo.

Anónimo

I

En el exterior, la noche era fría y húmeda. Pero, en la pequeña sala de Laburnum Villa, los postigos estaban cerrados y el fuego ardía con intensidad. Padre e hijo jugaban al ajedrez. Al primero le gustaba arriesgarse. Colocaba al rey en unos peligros tan desesperados como inútiles, que a veces suscitaban los comentarios de su esposa. Esta tejía tranquilamente junto a la chimenea.

–Escuchad el viento –dijo el señor White.

Había cometido un error fatal, y confiaba en que su hijo no se diera cuenta.

–Lo oigo –dijo este con gravedad, sin dejar de mirar el tablero. Movió la pieza–. Jaque.

–No creo que vaya a venir esta noche –dijo el padre, con la mano sobre el tablero.

–Mate –contestó el hijo.

–Es lo malo de vivir tan lejos –vociferó el señor White, con un tono de repentina violencia en la voz–.

De todos los suburbios, este es el peor. El camino es un pantano, y la calle un torrente. No se qué piensa la gente. Seguro que, como solo hay dos casas alquiladas en la calle, no les importa.

–No te preocupes, querido –dijo con suavidad su mujer–, ya ganarás la próxima vez.

El señor White alzó la vista, justo a tiempo de sorprender una mirada de complicidad entre la madre y el hijo. Se calló y disimuló un gesto de fastidio bajo su delgada barba gris.

–Ahí viene –dijo Herbert, el hijo, al oír el golpe de la verja y unos pasos que se acercaban pesadamente.

El padre se levantó con apresurada hospitalidad y abrió la puerta. Le oyeron quejarse del tiempo con el recién llegado. Este se lamentó también, lo que provocó un murmullo de impaciencia por parte de la señora White.

Por fin entraron en el salón. El forastero era un hombre alto, fornido, de ojos saltones y rostro curtido.

–El sargento mayor Morris –dijo el señor White, presentándolo.

El sargento les dio la mano, aceptó la silla que le ofrecieron junto a la chimenea y observó complacido cómo el dueño de la casa llegaba con whisky y unos vasos y colocaba una pequeña tetera de cobre sobre el fuego.

Al tercer vaso, los ojos le brillaron y empezó a hablar. La familia miraba con vivo interés al visitante de lugares distantes, que encajaba sus anchos hombros en la silla mientras hablaba de escenarios salvajes y acciones intrépidas, de guerras, epidemias y pueblos extraños.

–Hace veintiún años –dijo el señor White sonriendo a su mujer y a su hijo–. Apenas era un muchacho cuando se fue. Y miradlo ahora.

–No parece haberle sentado tan mal –dijo la señora White con amabilidad.

–Me gustaría ir a la India –dijo el señor White, soñador–. Solo para echar un vistazo, ya sabéis.

–Es mejor quedarse donde uno está –replicó el sargento, moviendo la cabeza.

Dejó el vaso, suspiró levemente y volvió a sacudirla.

–Me gustaría ver los viejos templos, los faquires y los malabaristas –dijo el señor White–. ¿Qué fue, Morris, lo que usted empezó a contarme el otro día, acerca de una pata de mono o algo por el estilo?

–Nada –se apresuró a contestar el sargento mayor–. Al menos, nada que valga la pena oír.

–¿Una pata de mono? –preguntó la señora White con curiosidad.

–Es algo que tiene que ver con la magia –dijo el sargento mayor con desgana.

Sus tres interlocutores se inclinaron hacia delante. Distraídamente, el forastero se llevó la copa vacía a los labios y volvió a dejarla. El dueño de casa se la llenó de nuevo.

–A primera vista –dijo el sargento mayor, buscando en su bolsillo–, es una pata corriente, pero momificada.

Extrajo algo del bolsillo y se lo tendió. La señora White retrocedió con una mueca, pero su hijo tomó la pata de mono y la examinó con atención.

–¿Y qué es lo que tiene de extraordinario? –preguntó el señor White cuando se la quitó a su hijo.

La examinó unos instantes y la dejó en la mesa.

–Un viejo faquir le dio un poder mágico, una suerte de hechizo –dijo el sargento mayor–. Era un hombre muy santo. Quería demostrar que el destino gobierna la vida de las personas y que nadie puede ir contra él sin pagar un precio muy alto. Así que le concedió ese poder. El hechizo consiste en que tres personas distintas pueden pedirle tres deseos.

Había hablado con tanta seriedad que los otros guardaron para sí sus comentarios irónicos.

–Y usted, ¿por qué no pide las tres cosas? –preguntó Herbert White con agudeza.

El sargento le obsequió con esa mirada que las personas de mediana edad suelen dedicar a los jóvenes presuntuosos.

–Las he pedido –dijo, y su rostro curtido palideció.

–¿Y realmente se cumplieron los tres deseos? –preguntó la señora White.

–Se cumplieron –dijo el sargento, y su vaso chocó ligeramente contra sus fuertes dientes.

–¿Y nadie más los ha pedido? –insistió la señora.

–Sí, un hombre. El anterior poseedor. No sé cuáles fueron las dos primeras cosas que pidió, pero la tercera fue la muerte. Así entré en posesión de la pata de mono.

Lo dijo con tanta gravedad que se produjo un silencio.

–Morris, si ya tuvo sus tres deseos, eso ya no le sirve –dijo, finalmente, el señor White–. ¿Para qué lo guarda?

El sargento sacudió la cabeza:

–No estoy seguro –dijo lentamente–. Alguna vez he tenido la idea de venderlo, pero no creo que lo haga. Ya ha causado bastantes desgracias. Además, la gente no quiere comprar una pata de mono. Algunos sospechan que es un cuento de hadas, y otros prefieren probarlo primero y pagarme después.

–Si le concedieran tres deseos más –dijo el señor White, mirándolo con atención–, ¿los pediría?

–No lo sé –contestó el otro–. No lo sé.

Tomó la pata de mono entre el pulgar y el índice y de repente la tiró al fuego. Con un pequeño grito, White se inclinó y la recogió.

–Más vale dejar que se queme –dijo el sargento con solemnidad.

–Si usted no la quiere, Morris, démela.

–No quiero –respondió su amigo con resolución–. Yo la tiré al fuego. Si usted se la queda, no me eche la culpa de lo que pueda ocurrirle. Sea juicioso y vuelva a echarla al fuego.

El otro sacudió la cabeza y examinó su nueva posesión.

–¿Cómo se hace? –preguntó.

–Hay que sostenerla en la mano derecha y pedir los deseos en voz alta –explicó el sargento mayor–. Pero le advierto de las consecuencias.

–Suena como algo de *Las mil y una noches*[1] –dijo la

1. *Las mil y una noches* es una célebre recopilación de cuentos árabes del Oriente Medio medieval.

señora White, y se levantó a preparar la cena–. ¿No les parece que podrían pedir para mí otro par de manos?

El señor White sacó el talismán del bolsillo. Los tres se rieron al ver la expresión de alarma del sargento.

–Si está resuelto a pedir –dijo, agarrando el brazo de White–, procure que al menos sea algo razonable.

El señor White volvió a guardarse en el bolsillo la pata de mono, e invitó a Morris a sentarse a la mesa. Durante la cena, el talismán fue, en cierto modo, olvidado, y cuando terminó, los tres se sentaron a escuchar una segunda entrega de las aventuras del sargento en la India.

–Si en el cuento de la pata de mono hay tanta verdad como en los otros que nos ha contado –dijo Herbert, cuando el forastero cerró la puerta y se alejó con prisa, para alcanzar el último tren–, no sacaremos nada en limpio de este asunto.

–¿Le diste algo? –preguntó la señora White, mirando con detenimiento a su marido.

–Una bagatela –contestó el señor White, ruborizándose levemente–. No quería aceptarla, pero le obligué. Insistió en que me desprendiera del talismán.

–Sin duda –dijo Herbert, con fingido horror–, ahora seremos ricos, felices y famosos. Para empezar, deberías pedirle un imperio. Así dejarías de estar bajo el dominio de mamá.

Hizo ademán de escaparse de su madre, que se las daba de ofendida.

El señor White extrajo el talismán de su bolsillo y lo examinó, dubitativo.

–No se me ocurre nada que pedirle –dijo con lentitud–. Creo que tengo todo lo que deseo.

–Si pagaras la hipoteca de la casa, serías feliz, ¿no? –dijo Herbert, poniéndole la mano sobre el hombro–. Bastará con que pidas doscientas libras.

Avergonzado de su propia credulidad, el padre sonrió y levantó el talismán. Herbert puso una cara solemne, guiñó un ojo a su madre y tocó en el piano unos acordes graves.

–Quiero doscientas libras –pidió el señor White.

Un gran estrépito del piano subrayó sus palabras. De pronto, el señor White dio un grito. Su mujer y su hijo corrieron hacia él.

–Se movió –dijo, mirando con desagrado el objeto, que yacía en el suelo–. Cuando pedí el deseo, se retorció en mi mano como una serpiente.

–Pero yo no veo el dinero –observó el hijo, recogiendo el talismán y dejándolo sobre la mesa–. Apostaría que nunca lo veré.

–Habrá sido tu imaginación, querido –dijo la mujer, mirándolo con ansiedad.

El padre sacudió la cabeza.

–No importa. No ha sido nada. Pero de todos modos me dio un susto.

Se sentaron junto al fuego y los dos hombres acabaron de fumar sus pipas. En el exterior, el viento era más fuerte que antes, y el señor White se sobresaltó al oír el golpe de una puerta en el piso superior. Un silencio inesperado y deprimente envolvió a los tres, hasta que el matrimonio se levantó para acostarse.

–Imagino que encontrarás el dinero metido en una gran bolsa, en medio de la cama –dijo Herbert al darles las buenas noches–, y que algo terrible saltará sobre ti desde lo alto del ropero, cuando vayas a embolsártelo.

Se sentó solo en la oscuridad, mirando el fuego moribundo, y vio rostros entre las brasas. El último era tan horrible y simiesco que lo contempló con asombro. Parecía tan real que soltó una risa incómoda. Buscó en la mesa un vaso para echar agua al fuego y apagarlo. Su mano tocó sin querer la pata de mono y se estremeció. Se frotó la mano en la chaqueta, como para borrar la sensación del roce, y subió a su cuarto.

II

A la mañana siguiente, mientras tomaba el desayuno en la claridad del sol invernal, Herbert se rio de sus temores. En el salón había un ambiente de total normalidad que estaba ausente la noche anterior. Y la pata de mono, sucia y encogida, yacía sobre el aparador con un descuido que parecía desmentir sus supuestas virtudes.

–Supongo que todos los viejos soldados son iguales –dijo la señora White–. ¡Qué idea tuvimos, ponernos a escuchar esas tonterías! ¿Cómo puede alguien, en esta época, creer que los deseos que uno le pide a una pata de mono han de cumplirse? Y si lo hicieran, ¿qué daño podrían causarte doscientas libras?

–Pueden caer desde arriba y lastimarte la cabeza –comentó Herbert, burlón.

–Morris –recordó el padre– dijo que las cosas ocurrían siempre de una manera tan natural que parecían coincidencias.

–Bueno, no vayas a apoderarte del dinero antes de mi vuelta –dijo Herbert, levantándose de la mesa–. No me gustaría que te convirtieses en un avaro y tuviéramos que repudiarte.

La madre se rio, lo acompañó hasta la puerta y vio cómo se alejaba por el camino. De vuelta en el comedor, se burló a expensas de la credulidad del marido. Sin embargo, poco después el cartero llamó a la puerta y corrió a abrirla. Al descubrir que solo llevaba la cuenta del sastre se sintió desilusionada, y se refirió con cierto malhumor a los sargentos mayores que tendían a empinar el codo.

–Me parece que Herbert tendrá tema para sus bromas –dijo horas más tarde, al sentarse para la comida.

–Sin duda –dijo el señor White, sirviéndose un poco de cerveza–. Pero, de todos modos, la pata se movió en mi mano. Eso puedo jurarlo.

–Te pareció que se movía –le corrigió su mujer con suavidad.

–No me pareció nada. Te aseguro que se movió. Yo acababa de... ¿Qué sucede?

Su mujer no le contestó. Observaba los misteriosos movimientos de un hombre que rondaba la casa y parecía indeciso, como si le costara atreverse a llamar. Involuntariamente pensó en las doscientas libras y se fijó en que el hombre estaba bien vestido y llevaba un sombrero nuevo y reluciente. El hombre se detuvo tres veces ante la verja, y se apartó. La cuarta permaneció unos instantes con la mano puesta en la puertecilla, y con repentina resolución la empujó y caminó por el breve sendero.

Simultáneamente, la señora White deshizo el nudo de su delantal y lo escondió bajo el cojín de su silla.

Hizo pasar al desconocido, que parecía incómodo. La miró furtivamente y la escuchó, preocupado, mientras ella se disculpaba por el desorden del cuarto y la vieja chaqueta de su marido, que habitualmente destinaba a las tareas del jardín.

La señora White esperó cortésmente que les dijera el motivo de la visita, pero al principio el desconocido se mantuvo en silencio.

–Vengo –dijo por fin, y se inclinó para alisarse los pantalones–. Vengo de parte de Maw & Meggins.

La señora White tuvo un sobresalto.

–¿Qué pasa? –preguntó sin aliento–. ¿Le ha sucedido algo a Herbert?

Su marido se interpuso.

–Espera, querida –dijo apresuradamente–. Siéntate, y no te adelantes a los acontecimientos. Supongo que usted no trae malas noticias, señor.

Y miró al visitante como si implorara.

–Lo siento... –empezó el otro.

–¿Está herido? –preguntó la madre, fuera de sí.

El hombre se inclinó y asintió.

–Malherido –dijo pausadamente–. Pero no sufre.

–Gracias a Dios –dijo la señora White, juntando las manos–. Gracias a Dios, gracias...

De pronto adivinó el siniestro significado de las palabras del visitante, y la mirada evasiva de este confirmó sus temores.

Contuvo la respiración y se acercó a su marido, que parecía tardar en comprender. Hubo un largo silencio.

–Lo agarraron las máquinas –dijo el visitante en voz baja.

–Lo agarraron las máquinas, sí –repitió el señor White, aturdido.

Se sentó, mirando fijamente por la ventana. Tomó la mano de su mujer y la apretó contra la suya como no hacía desde la época de su noviazgo, casi cuarenta años antes.

–Era el único que nos quedaba –se volvió hacia el visitante con tristeza–. Es duro.

El otro tosió, se levantó y se acercó a la ventana, despacio.

–La compañía me ha encargado que les exprese sus sinceras condolencias por esta gran pérdida –dijo sin mirar alrededor–. Les ruego que comprendan que solo soy un empleado y que me limito a obedecer las órdenes que me han dado.

No hubo respuesta. La cara de la señora White estaba lívida, sus ojos miraban fijamente y su respiración era inaudible.

–Se me ha comisionado para decirles que Maw & Meggins niegan toda responsabilidad en el accidente –prosiguió el otro–. Pero, en consideración a los servicios prestados por su hijo, les remiten una suma determinada, como compensación.

El señor White soltó la mano de su mujer y, levantándose, miró al visitante con terror. Sus labios secos pronunciaron la palabra:

–¿Cuánto?

–Doscientas libras –fue la respuesta.

Sin oír el grito de su mujer, el señor White sonrió levemente, extendió los brazos como un ciego y se desmayó.

III

En el cementerio nuevo, a unas dos millas de distancia, marido y mujer enterraron a su muerto y regresaron a la casa, impregnados de sombras y de silencio.

Todo había sucedido tan pronto que al principio casi no lo entendieron y permanecieron en un estado de expectación, como si esperaran que algo más fuese a ocurrirles, algo que aliviara su pesada carga.

Pero los días transcurrieron y la expectación se transformó en esa desesperada conformidad de los viejos, que algunos confunden con apatía. Hablaban poco porque no tenían nada que decirse, y los días se les hacían interminables.

Una semana después, el señor White se despertó bruscamente en la noche, estiró la mano y se encontró solo. El dormitorio estaba a oscuras, y un llanto contenido le llegó desde la ventana. Era su mujer. Se incorporó en la cama y escuchó.

–Vuelve a acostarte –le dijo con ternura–. Cogerás frío.

–Más frío tiene mi hijo –dijo la señora White, y volvió a llorar.

Los sollozos se desvanecieron en los oídos del señor White. La cama estaba tibia, y los párpados se le cerraban. Se quedó adormilado, hasta que el grito despavorido de su mujer lo despertó.

–¡La pata! ¡La pata de mono! –clamaba con violencia.

El señor White se incorporó, alarmado.

–¿Dónde? ¿Dónde está? ¿Qué sucede?

Ella se le acercó.

–La quiero –dijo con repentina calma–. ¿No la habrás destruido?

–Está en la sala, sobre la repisa –contestó él, asombrado–. ¿Por qué?

Ella se inclinó sobre él, llorando y riendo a un tiempo, y le besó en la mejilla:

–Solo me he dado cuenta ahora –contestó histéricamente–. ¿Por qué no se me ocurrió antes? ¿Por qué no lo pensaste tú?

–¿Pensar qué? –preguntó él.

–En los otros dos deseos –contestó ella con rapidez–. Solo hemos pedido uno.

–¿Acaso no tuvimos bastante?

–No –gritó ella, triunfal–. Pediremos otro más. Baja, encuéntrala y pídele que nuestro hijo vuelva a la vida.

El hombre se sentó y apartó la ropa de cama de sus piernas temblorosas.

–¡Dios mío, estás loca! –gritó.

–Encuéntrala –balbuceó ella–. ¡Encuéntrala pronto y pide el deseo! ¡Mi hijo, mi hijo!

El hombre tomó una cerilla y encendió la vela.

–Vuelve a acostarte –dijo, vacilante–. No sabes lo que dices.

–Nuestro primer deseo se cumplió –replicó ella, febrilmente–. ¿Por qué no hemos de pedir el segundo?

–Fue una coincidencia.

–Consíguela y pide el deseo –insistió la mujer, ebria de excitación.

El marido se volvió y la miró:

–Hace diez días que está muerto –explicó con voz temblorosa–, y además, no pensaba decírtelo, pero tuve que reconocerlo por el traje. Si ya entonces era demasiado horrible para que lo vieras, ¿cómo será ahora?

–¡Haz que vuelva! –gritó la mujer, empujándolo hacia la puerta– . ¿Crees que puedo tener miedo del niño que he criado?

El señor White bajó en la oscuridad, se dirigió a la sala y buscó en la repisa.

El talismán estaba en su lugar. Tuvo miedo de que el deseo aún no formulado le devolviese a su hijo hecho pedazos, antes de que él pudiera escaparse del cuarto. Perdió la orientación. No encontraba la puerta. Con la frente empapada en un sudor frío, tanteó la mesa y la pared hasta encontrarse en el pequeño pasillo, con aquel objeto malsano en la mano.

Hasta la cara de su mujer le pareció cambiada cuando entró en el dormitorio. Estaba pálida y ansiosa y tenía algo de sobrenatural. Llegó a pensar que ella le daba miedo.

–¡Pídelo! –gritó la mujer con violencia.

–Es una locura y una perversión –balbuceó él.

–¡Pídelo! –repitió la mujer.

El hombre levantó la mano.

–Deseo que mi hijo viva de nuevo –dijo.

El talismán cayó al suelo, y él lo miró con terror. Luego, temblando, se dejó caer en una silla, mientras la mujer se acercaba a la ventana y alzaba la cortina.

El hombre se quedó sentado allí, hasta que el frío del alba lo traspasó. A veces observaba a su mujer, que permanecía en la ventana. La vela, que proyectaba sombras vacilantes en las paredes y en el techo, se fue consumiendo hasta que se apagó.

Con un inexplicable alivio ante el fracaso del talismán, el hombre volvió a la cama. Un minuto después, la mujer, apática y silenciosa, se acostó a su lado.

No hablaban, pero estaban atentos al latido del reloj. Un escalón crujió, y un ratón pasó corriendo ruidosamente. La oscuridad era opresiva. El señor White hizo acopio de coraje, encendió una cerilla y bajó a buscar otra vela.

Al pie de la escalera, la cerilla se apagó. El señor White se detuvo para encender otra. Entonces sonó un golpe furtivo, casi imperceptible, en la puerta principal.

Las cerillas se le cayeron de las manos y se dispersaron por el suelo del pasillo. El señor White permaneció inmóvil, sin respirar, hasta que se repitió el golpe. Dio media vuelta, subió al dormitorio y cerró la puerta. Se oyó un tercer golpe.

–¿Qué es eso? –gritó la mujer, levantándose.

–Un ratón –contestó el hombre–, un ratón. Nos cruzamos en la escalera.

La mujer se incorporó. Un fuerte golpe resonó en toda la casa.

–¡Es Herbert! ¡Es Herbert!

La señora White corrió hacia la puerta, pero su marido la alcanzó y aferró uno de sus brazos.

–¿Qué vas a hacer? –le preguntó en un susurro.

–¡Es mi hijo; es Herbert! –gritó la mujer, luchando para que la soltara–. Me había olvidado de que el cementerio está a dos millas. ¿Por qué me detienes? Suéltame, he de abrir la puerta.

–Por amor de Dios, no lo dejes entrar –dijo el hombre, temblando.

–¿Tienes miedo de tu propio hijo? –gritó–. Suéltame. ¡Ya voy, Herbert; ya voy!

Hubo otro golpe, y otro. La mujer se soltó y huyó del cuarto. El hombre la siguió y la llamó, mientras bajaba la escalera. Oyó el ruido de la cadena que se deslizaba, oyó el pasador que se retiraba lentamente y luego la voz de la mujer, anhelante:

–El cerrojo –dijo–. No puedo alcanzarlo.

Pero el marido, arrodillado, tanteaba el piso, en busca de la pata de mono.

«Si pudiera encontrarla antes de que eso entrara», pensó.

Los golpes volvieron a resonar en toda la casa. El señor White oyó que su mujer acercaba una silla y el ruido del cerrojo al abrirse. En aquel mismo instante encontró la pata de mono y, frenéticamente, balbuceó el tercer y último deseo.

Los golpes cesaron de pronto, aunque sus ecos siguieron resonando en la casa. El señor White oyó retirar la silla y abrir la puerta. Un viento helado entró hasta la escalera, y el largo grito de desconsuelo de su mujer le dio valor para correr tras ella.

Se detuvieron en la verja.

El farol de la calle iluminaba un camino desierto y tranquilo.

ÍNDICE

Del mismo autor

Fantasmas y aparecidos
de VV.AA.
Selección, introducción
y notas: Vicente Muñoz
Puelles
ISBN: 978-84-9845-671-4
«Algar joven», 63

La creencia en seres sobrenaturales, ya sean espíritus, ángeles, demonios u otros entes, está presente, de algún modo, en todas las culturas, tanto en la tradición oral como en la escrita. Numerosos escritores han utilizado a los fantasmas como recurso dramático, algunos tan ilustres como Charles Dickens, Edgar Allan Poe o William Shakespeare.

En esta recopilación encontramos historias ejemplarizantes, pesadillas terribles, una defensa de lo inverosímil, el temor ancestral a las criaturas del bosque y al poder de los difuntos... Son textos adaptados y contextualizados por el prestigioso escritor Vicente Muñoz Puelles –ganador del Premio Nacional de Literatura Infantil y Juvenil y del Premio Azorín, entre otros–, que acerca así, a los más jóvenes, una muestra representativa de este género de la literatura de terror en nuestro país.

Del mismo autor

El ayudante de Darwin
de Vicente Muñoz Puelles
ISBN: 978-84-9845-163-4
«Algar Joven», 39

El barco Beagle zarpa de Inglaterra en 1831 para hacer un viaje alrededor del mundo que cambiará la historia. A bordo van Charles Darwin, un joven naturalista de 22 años, y Syms Covington, grumete de 15 años que trabajará para él cazando animales, disecándolos y etiquetándolos. Ambos se adentrarán en la selva, se enfrentarán con terremotos y erupciones volcánicas, encontrarán animales y plantas hasta entonces desconocidos y empezarán a dar forma a la teoría de la evolución.

La llamada de Cthulhu y El horror de Dunwich
de H. P. Lovecraft
Traducción: Ana Jordán Pardo y Josep Marco
Introducción y notas: Josep Marco
ISBN: 978-84-9845-596-0
«Algar joven», 59

Cthulhu, criatura venerada por una secta ancestral, descansa en un sueño profundo en la ciudad sumergida. Pero un día la ciudad emerge. ¿Ha llegado el momento del despertar de este terrible ser?
El relato «La llamada de Cthulhu» tiene un carácter casi fundacional en cuanto al ciclo de los mitos de Cthulhu, del cual también forma parte «El horror de Dunwich». En este segundo relato, nos trasladamos a un pueblo rural y opresivo donde una extraña familia esconde un secreto aterrador en el granero.